RÉUSSIR EN BOURSE

MAÎTRISER LES OPTIONS

STRATÉGIES ESSENTIELLES ET APPROCHES PRATIQUES

David Hall

Avertissement

Ce livre et toutes les informations qui y sont contenues sont uniquement destinés à des fins éducatives. Les informations, stratégies, modèles, analyses et interprétations contenus dans l'ouvrage ont uniquement un caractère illustratif et ont pour objet de faciliter la compréhension.

En particulier le contenu entier de l'ouvrage ne doit pas être interprété comme un conseil ou une recommandation à l'achat ou à la vente d'un actif financier, ou comme étant un avis financier, juridique ou fiscal. L'auteur ne sera aucunement tenu responsable d'éventuelles pertes financières ou dommages encourus à la suite de l'utilisation de l'information contenue dans cet ouvrage. Seul le lecteur sera tenu responsable de ses propres décisions d'investissement.

L'auteur se dégage de toute responsabilité quant à toutes erreurs ou omissions éventuellement présentes dans cet ouvrage. L'auteur se réserve le droit de modifier, mettre à jour ou réviser le contenu de cet ouvrage sans avis préalable.

Achevé d'imprimer en 2024

ISBN : 978-1-3999-9199-5

Dépôt légal : Aout 2024

Table des matières

Avant-propos

Je m'appelle David Hall et mon but est de vous faire découvrir avec simplicité le formidable monde des options. Alors pourquoi ce livre me direz-vous ?

Les options sont un outil très méconnu dans le monde francophone. D'une manière générale, les anglo-saxons sont beaucoup plus au fait de tout ce qui est lié à la bourse et notamment aux options. Ces dernières deviennent de plus en plus populaires outre-Atlantique et se développent à grande vitesse. Mon souhait est que le lecteur de ce livre puisse l'utiliser pour enfin comprendre ce qui se cache derrière ce fameux terme et comment elles fonctionnent. *Pour ceux qui voudront aller plus loin et les utiliser je donne des clés et des étapes pour utiliser chacune des stratégies de base*.

Pour ceux qui les connaissent déjà, voire qui ont déjà utilisé des options, ce livre peut les aider à consolider les bases et potentiellement éviter quelques erreurs et donc pertes.

C'est d'ailleurs dans cette optique que le livre contient notamment une foire aux questions et un petit chapitre avec les erreurs classiques de débutant.

Quelques mots sur moi. Je suis un passionné de bourse, et ai acheté mes premières actions avant mes 20 ans. Je fais partie de ces gens à qui l'on demande souvent conseil ou son avis sur les investissements, le business ou l'argent. Le fait que j'adore parler de ces sujets depuis jeune, ainsi que mes multiples diplômes de comptabilité et finance explique sans doute le pourquoi du comment !

Dans la vie je travaille depuis plus de 10 ans comme directeur financier d'une entreprise industrielle. J'ai volontairement choisi de travailler dans une entreprise car je voulais savoir comment fonctionne la "vraie vie". Faire partie d'une entreprise est une grande force quand il s'agit d'investir en Bourse. Car la bourse ce n'est pas uniquement des chiffres mais aussi des stratégies, des business model, des émotions et surtout du bon sens !

La bourse est un hobby et je continue à travailler. J'y passe du temps le soir et le week-end mais pas 24 heures sur 24. Il est possible de très bien réussir en bourse tout en continuant d'exercer une autre activité professionnelle. A certains égards, c'est un grand avantage, car cela permet d'être patient et de ne pas avoir le besoin de se lancer dans des stratégies trop risquées ou compliquées.

J'ai lu une multitude de livres et ai suivi plusieurs formations sur l'investissement et les options. Et quand quelqu'un me demande ce qu'est ce qui est mieux entre le trading et l'investissement je réponds toujours la même chose. Qui est le plus grand trader de l'histoire ? George Soros et il "pèse" environ 7 milliards de Dollars. Qui est le plus grand investisseur de l'histoire ? Warren Buffett et sa fortune, à l'heure où j'écris ces lignes, est évalué à environ 120 milliards (pas loin de 17 fois plus que Mr Soros !).

Vous comprendrez bien pourquoi je me sens plus un investisseur et préfère m'inspirer de Warren Buffett que de George Soros. Et c'est d'ailleurs grâce à cela qu'il y a déjà plusieurs années je me suis lancé dans les options quand j'ai appris que le grand maître lui-même utilise les options. J'ai analysé ce qu'il faisait et j'ai appris sur les options.

Aujourd'hui *je suis ravi de partager avec vous un des outils secrets qu'à utilisé Warren Buffett pour bâtir sa fortune*.

Pour complimenter la lecture de cet ouvrage et accéder à des ressources supplémentaires, je vous invite à visiter mon site web, www.hall-invest.com. Vous y trouverez des vidéos explicatives, des articles de blog, des bonus gratuits. Pour toute question ou pour un échange direct, n'hésitez pas à me contacter à l'adresse suivante : david@hall-invest.com

www.hall-invest.com

david@hall-invest.com

INTRODUCTION

Vous avez entendu parler des options en bourse et vous souhaitez en savoir plus. Est-il exact qu'avec les options vous pouvez gagner quand le marché monte, stagne et même baisse ? La réponse est Oui !

Est-il exact que les options permettent de bénéficier d'un effet de levier très important ? La réponse est oui !

Est-il exact que les options peuvent être utiles à chaque investisseur ? Oui effectivement.

Que vous soyez jeune investisseur qui souhaite faire croître rapidement son portefeuille, un investisseur bien établi qui souhaite faire fructifier ses économies ou même un retraité qui se lamente des rendements minuscules des livrets ce livre peut vous aider. Les options en bourse vous donnent de multiples possibilités et stratégies adaptées à vos objectifs personnels.

Vous souhaitez obtenir un revenu complémentaire c'est possible avec les options. Vous acceptez un peu plus de risques et souhaitez bénéficier d'un effet de levier les options sont un puissant outil pour le faire. Vous êtes détenteur d'un portefeuille conséquent et souhaitez-vous partiellement vous protéger d'une chute des marchés, les options sont aussi là pour vous.

Les options sont méconnues et peuvent faire peur mais en réalité les options sont un simple contrat et il est fort probable que vous ayez déjà souscrit une option sans même le savoir. L'exemple classique est le contrat d'assurance qui est en réalité une option entre la compagnie d'assurance et vous-même.

Évidemment les options en bourse sont un peu différentes mais les grands principes restent les mêmes. **Comme tout outil très puissant, il est indispensable avant de se lancer, d'en connaître les bases et quelles sont les stratégies adaptées pour débuter.** Mal exécutée, une option peut générer des pertes importantes. A contrario bien utilisées, elles ouvrent de très belles perspectives en termes de profits.

Pas besoin d'être mathématicien ou ingénieur pour comprendre les options. **Fourni en exemples pratiques et simples à comprendre ainsi qu'en définitions accessibles, ce livre a pour objectif de démystifier le concept des options.** Répondant simplement aux questions les plus fréquentes sur les options, *il comprend aussi une liste de beaucoup d'erreurs communes commises par les débutants.* Enfin une fois le concept des options exploré, **il rappelle les 4 stratégies de base (plus un bonus pour les petits budgets)** et dans quelles conditions les appliquer afin de maximiser les chances de gains.

1

POURQUOI APPRENDRE ET UTILISER LES OPTIONS

Le monde actuel est plein d'incertitudes et du jour au lendemain une situation personnelle stable ou confortable peut devenir intenable. Il est aujourd'hui indispensable d'avoir des sources de revenus complémentaires.

Les rendements faibles des livrets ne vous permettent pas de faire grandir votre patrimoine. La forte inflation actuelle mange chaque année de plus en plus dans vos économies.

Les options permettent de répondre à tous ces défis : à la fois fournir un revenu complémentaire et protéger votre épargne.

La bourse et les options ont aussi beaucoup d'avantages pratiques : vous pouvez investir / trader quand vous le souhaitez et à votre propre rythme. Important aussi vous ne devez pas gérer les soucis (ou états d'âme) de clients, collègues ou de locataires (pour les investisseurs immobiliers). C'est un avantage non négligeable pour ceux qui exercent une activité mais qui en même temps souhaitent obtenir plus ou un complément.

Un autre avantage pratique est que vous pouvez débuter les options sans une grande mise de départ. Évidemment les rendements et les stratégies disponibles dépendent aussi des sommes investies. Les options offrent énormément d'options, mais bien évidemment vous aurez un plus vaste choix de possibilités avec 50,000 Euros qu'avec 2,000 Euros.

Un grand avantage des options est que vous pouvez aussi investir tout en respectant votre caractère et votre appétence au risque. Si vous êtes plutôt prudent, vous pouvez utiliser les options d'une certaine façon, si vous êtes plus agressif vous pouvez les utiliser d'une tout autre manière.

Une fois que nous aurons introduit le concept vous comprendrez pourquoi les options peuvent être à la fois un produit dopant ou un tranquillisant. Mais comme tout médicament il est indispensable de faire le bon diagnostic, connaître les potentiels effets secondaires et de consommer les bonnes doses au bon moment !

2

Les grands avantages des options

Une option peut être un *turbo* : en effet avec une relativement petite somme (prime) l'on peut trader sur un paquet de 100 actions à la fois.

Une option peut permettre d'agir sur *l'incertitude* : Pour schématiser l'acheteur d'une option paie une prime pour *sécuriser le futur*. Le vendeur d'une option agit comme une compagnie d'assurance et touche une prime pour accepter le risque de l'incertitude.

Les options peuvent permettre de *gagner dans toutes les directions*. Une option peut permettre de gagner de l'argent quand le marché est stable et aussi quand le marché baisse. Ceci n'est pas possible pour les actions ou les gains sont liés à la hausse (hors dividendes). Il est possible de gagner même si l'on a tort (enfin pas trop tort quand même !).

Les options peuvent permettre de vous couvrir. Admettons que vous avez un important portefeuille boursier et soyez très exposé en cas de baisse des marchés. Et bien vous pouvez utiliser une option comme police d'assurance. Si le marché baisse, vous faites jouer votre assurance et vous limitez ou couvrez vos pertes. Les grands fonds et les Hegde funds ont notamment recours à cette stratégie. Et une fois que l'on connaît les options ce n'est pas si compliqué à mettre en place.

Les options sont un bon outil de spéculation. Pour les experts, les outils peuvent être utilisés pour spéculer. Moyennant une faible somme, il est possible d'obtenir des gains très importants. Inversement avec une option qui tourne mal, il est possible de perdre 100% de sa mise initiale voire plus. Mais l'on verra dans ce livre comment faire pour éviter ce dernier scénario.

3

C'EST QUOI UNE OPTION EXACTEMENT ?

Comme son nom l'indique l'option est une possibilité détenue par l'acheteur de l'option d'exercer un droit ou non, sur l'achat ou la vente d'un sous-jacent (paquet d'actions, matière première, etc.) jusqu'à une date convenue. En échange de ce droit, l'acheteur paie au vendeur un montant. Ce montant payé est appelé prime.

Prenons un exemple fictif simple : vous souhaitez déménager l'année prochaine et acheter une maison. Vous avez repéré la maison parfaite mais n'avez pas encore les fonds pour l'acquérir. Vous êtes aussi convaincu que le prix de la maison augmentera l'année prochaine et sera potentiellement acquise par quelqu'un d'autre. Le vendeur étant bercé dans les options vous propose la chose suivante : sur les 12 prochains mois je vous garantis de vous vendre la maison au prix fixe de 200 000 Euros. En échange de cette *option* que je vous octroie vous devez me verser la somme de 10 000 Euros.

Une fois les 10 000 Euros versés vous pouvez exercer votre droit (l'option) à n'importe quelle date jusqu'à l'expiration (pendant 1 an dans notre exemple). Si la date est passée, alors l'option sera considérée expirée. Elle devient caduque et le vendeur peut vendre la maison au prix qu'il souhaite et à quelqu'un d'autre.

Un autre exemple simple est celui de l'assurance. Vous partez en vacances et souscrivez à une assurance voyage. Vous payez la compagnie d'assurance une prime. S'il vous arrive un problème vous exercez votre assurance et la compagnie doit vous verser un montant. Si rien n'arrive vous n'exercez pas et avez perdu votre prime. En langage boursier on qualifierait cela d'achat d'option (par le voyageur) et vente d'une option (par la compagnie d'assurance).

Les deux types d'options en bourse

Il existe 2 types d'options les :

-**Calls**, option d'achats. Vient de l'anglais Call (appeler), c'est à dire j'ai le droit d'appeler l'autre partie afin qu'elle me vende les actions à un prix convenu. Ici l'acheteur du call achète le droit d'acheter le sous-jacent (la maison ou un paquet d'actions) à un prix déterminé à l'avance.

-**Puts**, options de vente. Vient de l'anglais Put (mettre), c'est-à-dire que j'ai le droit de mettre dans les mains de l'autre partie les actions à un prix convenu. Ici l'acheteur du put a le droit de vendre le sous-jacent à un prix déterminé à l'avance.

Notre exemple pour la maison est un call. Le couple a sécurisé, moyennant le paiement d'une prime au vendeur, un droit d'acheter la maison.

L'exemple de l'assurance serait plutôt un put. Certes il n'y a rien à vendre, mais le put couvre l'assuré en cas de problème. En bourse, il ne s'agit pas de la perte d'un bagage mais la chute du cours du sous-jacent (action, indice, etc.).

Un Acheteur *n'est pas obligé d'exercer l'option*. Pour les options de type américaine l'acheteur peut exercer l'option quand bon lui semble et jusqu'à la date d'expiration. Pour les options de type européenne, l'exercice s'effectue à l'expiration de l'option. L'acheteur *a le choix et donc le pouvoir de décision*. Pour un call il a le droit d'acheter le paquet d'actions. Pour un put il a le droit de vendre un paquet d'actions.

Si l'acheteur décide d'exercer l'option, le vendeur est alors dans ***l'obligation*** *de vendre le paquet d'action dans le cadre d'un call. Ou d'acheter le paquet d'actions dans le cadre d'un put.*

Les 4 combinaisons

	Call	Put
Acheteur	Paie une prime et en échange obtient le *droit d'acheter* un paquet de 100 actions à un prix fixé.	Paie une prime et en échange obtient le *droit* de *vendre* un paquet de 100 actions à un prix fixé.
Vendeur	Reçoit une prime et en échange a *l'obligation de vendre* un paquet de 100 actions à un prix fixé. L'obligation tient tant que l'option n'est pas exercée ou expirée.	Reçoit une prime et en échange l'obligation d'acheter un paquet de 100 actions à un prix fixé. L'obligation tient tant que l'option n'est pas exercée ou expirée.

Alors comment gagne-t-on de l'argent sur les options ?

Dans la vaste majorité des cas, les acheteurs d'options ne les exercent pas. Les options sont un droit, et ce droit peut se revendre ou se racheter à tout moment avant l'expiration. Les options sont un produit financier qui peut s'échanger sur le marché et n'est pas exclusif.

Un acheteur d'option visera principalement une augmentation de la prime de l'option pour ensuite la revendre avec une plus-value. Dans des cas plus rares, il peut aussi décider d'exercer l'option.

Le vendeur de l'option peut aussi vendre puis racheter la même option moins chère et donc réaliser une plus-value. Ou bien il peut aussi vendre l'option avec l'espoir que les conditions d'exercice ne soient pas remplies à la date d'expiration (c'est à dire que l'acheteur n'a pas financièrement intérêt à exercer l'option). Dans ce cas, le vendeur aura encaissé une prime d'option et n'aura rien décaissé. Un peu comme une compagnie d'assurance automobile qui touche votre prime mais qui ne débourse rien car vous n'avez eu aucun accident.

Berkshire Hathaway, l'entreprise dirigée par Warren Buffet, utilise cette stratégie de vente de put. Et en a collecté plusieurs milliards de dollars au cours des années.

4

Les 4 elements constituants une option

Cet exemple contient tous les éléments d'une option :

-*Sous-jacent* : c'est-à-dire l'action concernée. Si vous achetez une option sur Microsoft, le sous-jacent sera une action Microsoft. Dans le cas d'actions il s'agit d'une option pour un paquet de 100 actions. C'est-à-dire qu'une option concerne 100 actions d'une entreprise. Dans notre exemple, il s'agissait de la maison.

-*Strike price (ou prix d'exécution en français)* : c'est-à-dire le prix de vente convenu et fixé à l'avance pour lequel la vente du sous-jacent aura lieu. Dans notre exemple de la maison, il s'agit du prix de vente de la maison à savoir 200 000 Euros.

-*Date d'expiration* : c'est-à-dire la date jusqu'à laquelle l'option peut être exercée. Sur l'exemple de la maison il s'agit de 12 mois après la signature du contrat d'option. Selon le type de sous-jacent et sa liquidité, la disponibilité des dates d'expiration sera en jours, en semaines, en mois ou en trimestres.

-Prime : montant payé par l'acheteur de l'option pour obtenir son "droit". Dans notre exemple, il s'agit de 10 000 Euros.

Les options sont disponibles pour beaucoup de sous-jacents notamment pour des actions, ETF (Exchange-traded fund qui sont en général un panier d'action), des fonds de placement cotés, des matières premières, des devises, etc. Chaque type de sous-jacent a une quantité différente pour les options. Par exemple, les options sur le baril de pétrole sont par paquet de 1 000 alors que le sous-jacent des actions d'entreprises est généralement par paquet de 100. ***Pour simplifier le sujet dans ce livre nous nous concentrerons sur les options d'entreprises cotées aux Etats-Unis.***

Exemples concrets sur les 4 combinaisons

Exemple d'un **call** sur l'action Disney :

Ticker (Code boursier / abréviation sur le marché) : DIS

Type : Call

Strike price (prix d'exécution) : 100 $

Date d'expiration : 31/12/2024

Prime : 4,5 $

Cours actuel : 103 $

Cela s'écrit : DIS 100 31 Dec 24 C

Ticker / Strike / Date exp / Type

Puisqu'il s'agit d'un paquet de 100 actions, l'acheteur devra payer 100 x 4,5 $ = 450 $.

Si l'acheteur décide d'exercer les options il pourra acheter pour 10 000 USD le paquet de 100 actions (Strike price de 100 USD x 100).

Si l'acheteur décide de ne pas exercer l'option, elle expire au lendemain de la date d'expiration et n'a plus aucune valeur.

DIS 100 CALL 31 Dec 24	**A la signature de l'option**	**A l'exercice conditionnel de l'option**
Acheteur	Paie 450 $	Paie 10 000 $ et obtient 100 actions Disney
Vendeur	Reçoit 450$	Reçoit 10 000 $ et livre 100 actions Disney

Exemple d'un **put** sur l'action Coca Cola :

Ticker (Code boursier / abréviation sur le marché) : KO

Type : Put

Strike price (prix d'exécution) : 45 $

Date d'expiration : 31/12/2024

Prime : 1,3 $

Cours actuel : 50 $

Cela s'écrit : KO 45 31 Dec 24 P

Ticker / Strike / Date exp / Type

Puisqu'il s'agit d'un paquet de 100 actions, l'acheteur devra payer 100 x 1,3 $ = 130 $.

Si l'acheteur décide d'exercer les options il pourra vendre pour 4 500 $ le paquet de 100 actions (Strike price 45 $ x 100).

KO 45 PUT 31 Dec 21	**A la signature de l'option**	**A l'exercice de l'option**
Acheteur	Paie 130 $	Reçoit 4 500 $ et donne 100 actions Coca-Cola
Vendeur	Reçoit 130 $	Paie 4 500 $ et obtient 100 actions Coca-Cola

5

LA VALEUR D'UNE OPTION

La valeur d'une option est représentée par sa prime. La prime de l'option varie tout le temps en fonction de l'évolution du cours du sous-jacent, le temps restant avant l'expiration et la volatilité du sous-jacent. Selon l'instant et les circonstances, la valeur de la prime sera différente et donc permettra de trader l'option.

La valeur d'une option se décompose en 2 éléments : la valeur intrinsèque et la valeur temps.

La valeur intrinsèque

La valeur intrinsèque est la différence entre le strike price et le cours de l'action. Pour un call c'est égal :

Cours actuel dont on soustrait le strike price.

Sur notre exemple Disney, DIS 100 31 Dec 24 C, si le cours de l'action est de 103 $ alors la valeur intrinsèque sera de 3 $ (103 - 100). En effet 103 $ (Cours actuel) – 100 $ (Strike price)

Pour un put c'est le calcul est différent et est égal Strike price auquel on soustrait le cours actuel. Dans notre exemple de KO le calcul aurait été : 45 $ (Strike price) – 50 $ (Prix actuel) = -5 $. Négatif 5 USD. **Cependant la valeur intrinsèque d'une option ne peut jamais être négative.** Ainsi nous l'arrondissons à zéro si le calcul donne un chiffre négatif. Dans le cas où le cours de KO cote à 43 $ alors la valeur intrinsèque de l'option aurait été de 45 $ - 43 $ =2$

Exemple de la valeur intrinsèque d'un call strike 100 USD en fonction de 3 différents cours du sous-jacent (97, 100 et 104 USD).

CALL	Strike price	Cours 97 USD	Cours 100 USD	Cours 104 USD
Valeur Intrinsèque	100 USD	0	0	4 USD

Exemple de la valeur intrinsèque d'un Put strike 50 USD en fonction de 3 différents cours du sous-jacent (45, 50 et 54 USD).

PUT	Strike price	Cours 45 USD	Cours 50 USD	Cours 54 USD
Valeur Intrinsèque	50 USD	5 USD	0	0

Peut-être vous demandez-vous pourquoi le calcul de la valeur intrinsèque d'un call et d'un put est différent ? Prenons la logique : si vous achetez un call, au jour de l'expiration il n'aura de la valeur que si vous pouvez acheter l'action à un prix inférieur que le cours actuel. Donc si l'action cote à 99 et que le strike price est à 100 USD vous n'avez aucun intérêt d'acheter à 100 quelque chose que vous pouvez acquérir à 99 USD. Par contre si vous pouvez acheter à 100 USD une action qui cote à 103 USD cela sera intéressant et donc a une valeur.

Pour le put c'est l'inverse vous souhaitez vendre l'action à un prix supérieur à son cours. Donc si le strike price est de 50 USD et que l'action est cotée actuellement à 48 USD, vous pouvez générer un profit de 2 par action. Si vous pouvez vendre à 50 USD une action qui cote à 53 USD sur les marchés cela n'a aucun intérêt.

La valeur temps ou valeur extrinsèque

La *valeur temps ou valeur extrinsèque* : est la différence entre la valeur intrinsèque et la prime. Soit :

Valeur temps = Valeur totale de l'option - Valeur Intrinsèque.

Dans notre exemple Disney avec une prime de 4.5 $, la valeur temps est de 1.5 $ (4.5 $ - 3 $ de valeur temps). Valeur totale de l'option 4.5 $ - 3 $ de valeur temps = 1.5$.

Sur l'exemple Coca-Cola avec une prime de 1.3$, la valeur temps serait aussi égale à 1.3$. En effet rappelez-vous que nous avions arrondi a 0 la valeur intrinsèque puisque le calcul en donnait une valeur négative.

La valeur extrinsèque dépend de deux éléments principaux :

a) <u>La durée de vie de l'option</u>

La durée de vie de l'option est le temps restant avant expiration. Plus l'option a une date d'expiration lointaine plus la valeur temps est importante. Ceci est logique : plus l'action a de temps pour fluctuer, plus elle a de chance de fluctuer. Si l'action doit s'apprécier de 10% pour que l'opération soit positive il est bien évident qu'elle aura plus de chance d'y arriver en 360 jours qu'en 10 jours. Ceci explique pourquoi les options qui ont une durée de vie très courte ont une valeur beaucoup plus faible.

Il convient de mentionner le concept de *time decay (que l'on pourrait traduire par déclin temporel)*. Chaque jour qui passe l'option perd de sa valeur. Donc si vous êtes détenteur d'une option et que le cours est stable mais que le prix de l'option diminue chaque jour ne soyez pas surpris. Logiquement plus le temps passe, plus le champ des possibles se réduit et donc plus la valeur temps diminue.

L'impact du temps sera différent selon que l'option est in the money (c'est à dire qu'elle a une valeur intrinsèque) ou out of the money (uniquement une valeur extrinsèque).

Vous trouverez ci-dessous une reproduction d'un vrai exemple sur la société Intel.

L'axe vertical représente la valeur de l'option, l'axe horizontal, le passage du temps et le nombre de jours restants avant expiration. Dans le graphique ci-dessous seule la valeur temps est représentée et toutes les autres variables sont figées.

Le cours d'Intel au moment de la reproduction était de 50,80 USD. Le call à la monnaie (in the money) est avec un strike price de 50 USD, logique car le cours est supérieur au strike price.

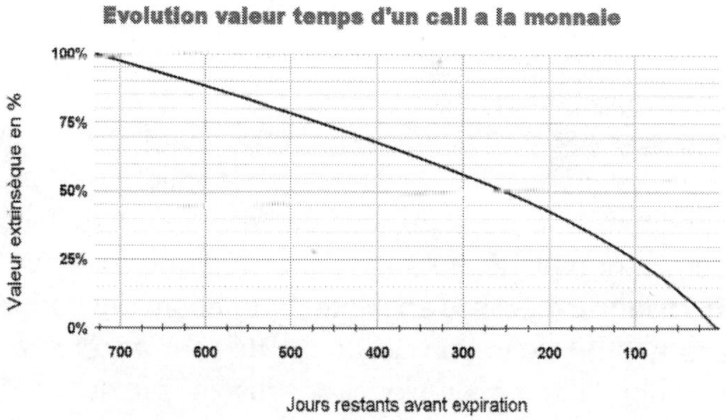

Les hypothèses de volatilité et cours du sous-jacent sont fixes. Ainsi l'impact est uniquement déterminé par le temps qui passe.

La première constatation est que la valeur diminue avec le temps et termine à zéro à l'expiration (hors valeur intrinsèque).

Dans notre exemple pendant les 120 premiers jours (730 à 610 jours avant expiration) la valeur temps de l'option décline de 10,72%. Dans les 120 suivants (610 à 490 jours avant expiration) la valeur temps de l'option perd 11,77% de sa valeur initiale. Et ainsi de suite.

Après un an, et donc à mi-chemin dans l'expiration de cette option de 2 ans, la valeur restante est d'environ 64%. Ce qui signifie que la première année la valeur temps de l'option aura décliné de 36% et donc la seconde année de 64%. *Malgré le même nombre de jours, le déclin journalier est presque deux fois plus important la seconde année que la première année*. La valeur temps aura perdu 75% de sa valeur 100 jours avant l'expiration du call.

Le graphique parle pour lui-même, chaque jour qui passe la perte de la valeur de l'option est plus importante que celle du jour précédent. Il est visible dans le graphique qu'à partir du 120ème jour avant expiration le déclin s'accélère fortement. Environ un mois avant l'expiration, le déclin devient encore plus prononcé. Sur l'exemple ci-dessus le pic du déclin journalier est atteint environ 21 jours avant l'expiration ; à partir de là le déclin journalier ralentit mais demeure très élevé.

Sans rentrer dans des détails compliqués et en simplifiant cette illustration :

- Le déclin entre le 730ème et le 729ème jour serait d'environ 11 points
- Le déclin entre le 366ème et le 365ème jour serait d'environ 14 points
- Le déclin entre le 120ème et le 119ème jour serait d'environ 23 points
- Le déclin entre le 60ème et le 59ème jour serait d'environ 30 points
- Le déclin entre le 21ème et le 20ème jour serait d'environ 44 points

Et ainsi de suite. La simplification ci-dessus montre l'évolution exponentielle du déclin. Et aussi que le déclin journalier est environ 4 fois plus important un mois avant l'expiration que dans le premier mois (entre le 24eme et le 23eme mois pour les options de deux ans).

Pour un put avec des caractéristiques proches, le graphique serait similaire. En tous les cas ***le principe est le même pour toutes les options chaque jour qui passe le déclin s'accélère***. A environ 120 jours de la date d'expiration, les déclins s'accélèrent et nécessitent une attention toute particulière.

En conséquence pour les débutants qui ne maîtrisent pas complètement le concept de time decay il est donc parfois recommandé d'éviter de détenir des options dont la date d'expiration est inférieure à 30 ou 45 jours. Inversement si vous êtes le vendeur de l'option le temps joue pour vous et le prix déclinera de façon accélérée en votre faveur. Être vendeur d'options avec une courte durée avant expiration peut être intéressant. Évidemment dans le cadre d'un trade très spéculatif il est possible de "jouer" sur des options à très courtes échéances mais cela est réservé aux traders expérimentés et surtout ceux qui acceptent des risques plus élevés.

Voici un autre graphique qui compare la valeur temps pour un call In et Out of the money :

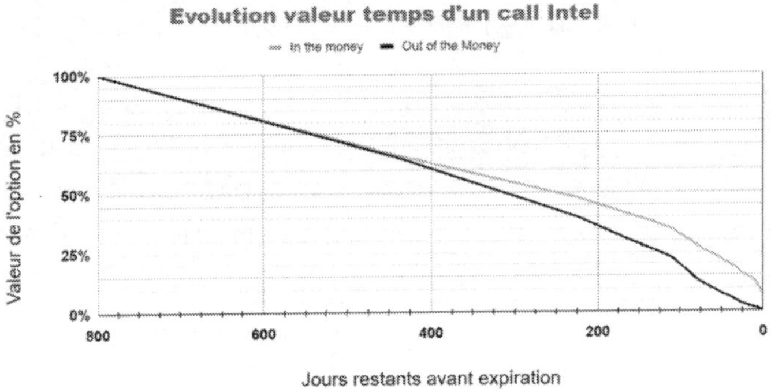

Le cours d'Intel au moment de la reproduction était de 50.80 USD. Le call in the money est avec un strike price de 50 USD. Le call out of the money a un strike price de 55 USD.

Pour un call out of the money le graphique est très similaire. Dans notre exemple, les Calls In the money et out of the money ont un déclin comparable de 800 à 450 jours. A partir de 450 jours ils commencent à fortement diverger.

Comme pour l'exemple précédent, chaque jour qui passe la perte de la valeur de l'option est plus importante que celle du jour précédent. Par exemple sur le call in the Money :

Sur les 200 premiers jours de 800 à 600 jours la valeur diminue d'environ 17%. Sur les 200 jours suivants, de 600 à 400 jours, la perte est d'environ 19% de sa valeur initiale. Sur les 200 jours suivants de 400 à 200 jours la valeur diminue d'environ 23% de sa valeur initiale. Sur les 200 derniers jours la valeur de l'option diminue de 41%. A la fin du dernier jour seule demeure la valeur intrinsèque, la valeur temps étant nulle. Il est à noter que sur les 200 derniers jours le déclin de la valeur temps est plus de deux fois supérieur au déclin des 200 premiers jours.

Le principe est similaire pour le call Out of the money si ce n'est que le phénomène est plus précoce et plus accentué. Le call a perdu plus de 95% de sa valeur environ 20 jours avant l'expiration.

Pour le call In the Money il est très visible que le déclin s'accélère à partir de 90 jours avant l'expiration. A 30 jours de la date d'expiration, le déclin est très rapide. Ceci est un exemple et les chiffres peuvent varier selon le type d'option, le sous-jacent et la volatilité. Mais dans tous les cas, le principe ***est le même***. A environ 30 et 90 jours de la date d'expiration, les déclins s'accélèrent et nécessitent une attention toute particulière.

J'ouvre une parenthèse sur le sujet de la valeur temps. Depuis 2022 une nouvelle mode est apparue : celle des 0DTE. Que veut dire cet acronyme barbare ? 0 (Zéro) Date to Expiry option. Cela veut dire que les gens "parient" le jour même sur l'évolution du sous-jacent. Cette pratique est très risquée. En effet sur une journée la bourse est complètement imprévisible et dans ce cadre une option est vraiment comme jouer à la roulette. Rouge ou noire, faites vos jeux....

Personnellement je ne pratique pas ces options, j'aime avoir les probabilités en ma faveur et je ne joue pas avec mon argent. Sur une journée tout est possible et il est impossible de prédire les prochains mouvements... Donc si je souhaite jouer à la roulette autant aller au casino, c'est plus marrant.

b) La volatilité : le second élément de la valeur extrinsèque

Pour rappel, la valeur extrinsèque est constituée de la valeur temps et de la volatilité. **Le concept de volatilité est absolument clé** dans les options, car il impacte les prix et la stratégie à utiliser.

Qu'est la volatilité en bourse ?

La volatilité d'un titre indique dans quelle amplitude le prix de ce titre ou du sous-jacent peut varier, à la hausse comme à la baisse, par rapport à son prix moyen, sur une période de temps donnée. Plus les marchés sont instables, plus la volatilité sera importante.

En règle générale plus le titre est spéculatif plus les prix seront imprévisibles. Des actions très spéculatives auront une volatilité importante (il n'est pas rare qu'elles montent de 6% en un jour et perdent 4.5% le lendemain), au contraire des actions dites défensives qui seront en théorie plus stables. Par exemple, des entreprises comme Virgin Galatic (tourisme spatial) ou Tesla seront beaucoup plus volatiles que Colgate-Palmolive (leader mondial du dentifrice). Par exemple sur 2023 en l'espace d'un an le cours de Tesla a évolué du simple au triple. Et régulièrement en fonction des humeurs du marché ou des frasques de Monsieur Musk !

D'un autre côté, la consommation mondiale de dentifrice sera très stable.

Ci-dessous un graphique de l'évolution des 2 cours sur 2023.

Cours de Tesla sur 1 an :

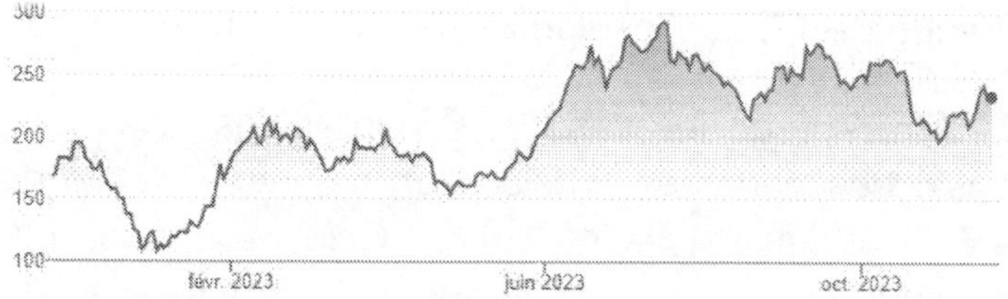

Cours de Colgate Palmolive sur 1 an :

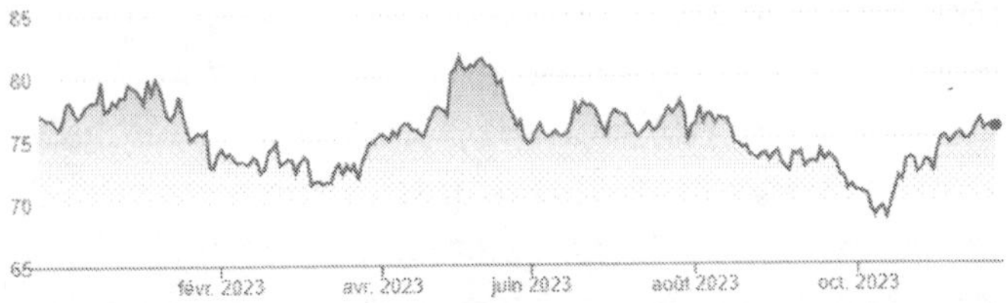

Les deux graphiques sont une bonne illustration de la différence de volatilité. Sur un an Tesla est passé de 167 USD pour descendre 101 USD pour ensuite remonter à 299 USD en Juillet 2023 pour ensuite descendre à 234 USD en Novembre 2023. De janvier 2023 à février 2023 le titre a pris environ 100%. Du 15 septembre au 30 octobre le titre a perdu presque 30%. De vraies montagnes russes !!!

Dans le même temps Colgate Palmolive a commencé l'année à 77 USD, est descendu jusqu'à 68 USD et cote un an après à 76 USD. Son pic a été de 81 USD. Donc entre son point le plus bas et le plus haut, le titre a varié de 17%... Absolument rien à voir avec Tesla.

Si l'on regarde les variations journalières, elles sont aussi très parlantes. Tesla a en moyenne oscillé de 4.61% chaque jour en 2023. Cela veut dire, par exemple, que dans la même journée le titre a oscillé entre 200 USD et 209,20 USD. 7 fois pendant l'année le titre a oscillé de plus de 10% dans la même journée ! Et au maximum de 13.53% en l'espace d'une journée ce qui est énorme...

Colgate Palmolive elle n'a une oscillation journalière moyenne que de 1.42% et son oscillation maximum sur l'année est de 4.31%. En comparaison avec Tesla les variations journalières sont en gros 3 fois plus faibles.

A la vue de ces courbes et des chiffres ci-dessous l'on peut en conclure qu'il est très improbable que Colgate Palmolive s'apprécie ou se déprécie de 50% en 2 mois. Sur une période de 2 mois Tesla s'est apprécié une fois de près de 100%, une autre fois de 60% et a décliné de plus de 25% en deux différentes occasions.

J'espère que cette comparaison aura bien illustré ce qu'est la volatilité en bourse.

Ce concept de volatilité se traduit dans les options par le concept de Volatilité implicite. La volatilité du sous-jacent conditionne la volatilité de l'option. Plus le sous-jacent est volatile plus la probabilité de variation (à la hausse ou à la baisse) sera importante.

Dans les options la volatilité se mesure par la **Volatilité Implicite (VI) ou Implied Volatility (en anglais)**. C'est le niveau de volatilité de l'option tel qu'estimé par le marché. Il ne s'agit pas d'un niveau historique mais d'un niveau prédictif. Ce niveau s'exprime en pourcentage.

Rapport volatilité et prix

Plus la volatilité du sous-jacent sera importante plus le prix de l'option sera important. En effet plus le sous-jacent sera volatile plus la probabilité de variation du prix du sous-jacent sera importante. Plus les amplitudes sont fortes, plus les possibilités de gains (et de pertes) sont fortes. Aussi la volatilité du sous-jacent augmente le risque et rend donc les prédictions plus aléatoires. En conséquence, les vendeurs d'options demanderont des primes plus importantes afin de couvrir leurs risques. L'analogie n'est pas exactement identique mais par exemple dans le même esprit une maison située en zone inondable est plus "volatile" qu'une maison située à 50km de toute source d'eau, et en conséquence l'assureur demandera une prime plus importante.

La volatilité implicite dépend du sous-jacent et de sa nature. Mais elle dépend aussi d'autres facteurs. Certains liés à l'actualité du sous-jacent en lui-même. Un exemple classique est l'augmentation de la volatilité implicite liée à l'autorisation d'administration de vaccins ou de médicament donnée à une entreprise pharmaceutique

La volatilité implicite peut aussi dépendre de la période et du moment. Par exemple, dans un marché instable les volatilités implicites de la majorité des sous-jacents auront tendance à augmenter même si le sous-jacent en lui-même est plutôt stable. Un autre exemple fréquent et récurrent est l'augmentation de la volatilité implicite a l'approche des résultats trimestriels.

C'est un indicateur absolument primordial car il est un des éléments clé dans la fixation du prix des primes. En conclusion, pour une entreprise stable, la VI sera faible et le prix de l'option faible. Pour une entreprise volatile la VI sera haute et le prix des primes important.

Ci-dessous une illustration pratique du phénomène avec 4 sous-jacents différents.

Tableau de comparaison de l'impact de la volatilité sur le prix de Put à date d'expiration dans 58 jours. Les prix sont ceux du marché à instant T (Novembre 2023) et tous les puts ont la même date d'expiration et seule varie la volatilité.

Sous-jacent	Volatilité Implicite	Cours actuel	Strike Put in the money	Premium	Valeur Intrinsèque	Valeur extrinsèque	% Valeur extrinsèque vs strike
Colgate-Palmolive	13,9%	76,57	77,5	1,90	0,93	0,97	1,25%
Nike	26.2%	106,22	110	6,25	3,78	2,47	2,25%
General Motors	33,3%	27,81	28	1,47	0,19	1,28	4,57%
Tesla	44,7%	240,44	243,33	17,37	2,89	14,48	5,95%

Puisque la valeur temps est similaire (58 jours) entre toutes les options, la différence de valeur extrinsèque résulte uniquement de la volatilité implicite. Afin de les comparer nous avons rapporté la valeur extrinsèque en pourcentage du strike price.

Afin de calculer la valeur extrinsèque nous avons soustrait de la prime la valeur intrinsèque.

Par exemple, et pour rappel sur Colgate-Palmolive, la première ligne :

La valeur intrinsèque est égale à 77,5 USD – 76,57 USD = 0,93 USD.

Prime = Valeur intrinsèque + Valeur extrinsèque soit :

1,90 USD = 0,93 USD + Valeur extrinsèque. D'où une valeur extrinsèque égale à 0,97 USD (1,90 - 0,93).

L'on peut voir clairement que plus les entreprises sont perçues comme volatiles, plus la valeur extrinsèque en pourcentage du strike price est importante.

Pour Colgate-Palmolive la valeur extrinsèque représente 1,25% du strike price alors que pour Tesla elle représente 5,95%. Les pourcentages peuvent paraître faibles mais ce qu'il convient d'analyser ici est la différence entre les deux. Or dans ce cas le rapport *est environ 5 fois supérieur* sur Tesla comparé à celui de Colgate Palmolive.

Sur Nike et General Motors la règle est aussi respectée, plus la volatilité est forte plus la valeur extrinsèque relative est importante.

<u>Valeur de la prime : mettre tout ensemble !</u>

Maintenant que la valeur de la prime a été décomposée dans ses 3 éléments principaux, il convient de les combiner dans un graphique unique et de l'analyser.

Ci-dessous un call avec un strike de 100 USD et un cours de 95 USD.

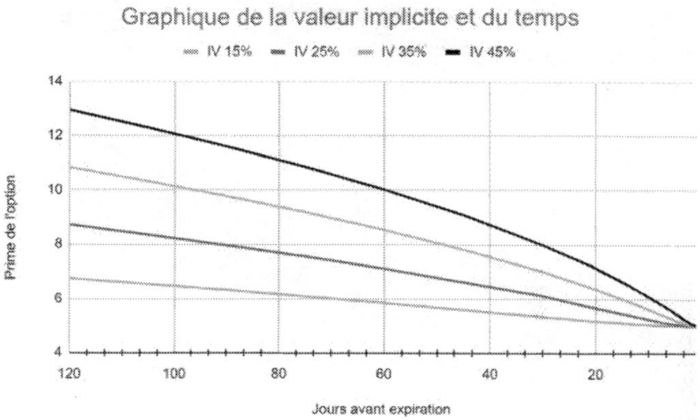

Il est très clair ici que plus la volatilité (IV) est forte plus la prime est importante. Pour un même sous-jacent et une date d'expiration dans 120 jours la prime de l'option au plus fort IV (45%) est presque le double de la plus faible (15%). Si la durée avant expiration avait été plus longue l'option à 45% aurait coûté deux fois plus cher que celle à 15%.

Au dernier jour, toutes les options convergent vers 5 USD (la valeur intrinsèque). En valeur absolue le déclin est plus fort pour les options à forte volatilité (ce qui logique puisque la prime est plus forte initialement). Cependant en valeur relative, le déclin est plus rapide pour les options à faible volatilité.

La valeur extrinsèque de l'option à la volatilité implicite de 15% aura perdu la moitié de sa valeur après 57 jours environ alors que celle avec une volatilité implicite de 45% attendra le 76ème jour environ. Ceci est contre intuitif mais logique : plus la volatilité est faible, plus la probabilité que le cours évolue favorablement diminue et donc le déclin relatif est plus rapide pour une faible volatilité.

6

Glossaire et les grecques des options

Encore quelques dernières notions sur ce que sont les options avant de discuter des stratégies et des gains et risques associés.

En investissant dans les options vous pourrez entendre parler des notions suivantes :

-**Long** : Veut dire que vous achetez l'option et que vous misez sur une appréciation.

-**Short** : Vous avez vendu l'option. Vous pariez sur une baisse. Le terme short sellers (vendeurs à découvert) vient de là.

-**In the money** : En français dans la monnaie. Signifie que si l'option était exercée à l'instant T elle générerait un profit. Ou autrement dit que l'option a une valeur intrinsèque. Par exemple l'action Disney cote à 106$ et vous détenez un call avec un strike de 100$ vous seriez "in the money" de 6$. Un put est in the money si le cours du sous-jacent est inférieur au strike price. Par exemple avec l'achat d'un Put Uber a 25$, si le cours est de 21$, l'option est in the money pour 4$. Abréviation en anglais : ITM.

-**Out of the money** : En français en dehors de la monnaie. Signifie que l'option n'a pas de valeur intrinsèque. Abréviation en anglais : OTM.

-**At the money** : En français à la monnaie. Veux dire que le jour où vous achetez (ou vendez) le strike price de l'option est le plus proche du cours actuel. Dans notre exemple Disney avec un cours à 101,24 $ une option in the money serait par exemple : 101 $. Abréviation en anglais : ATM.

-**Bid :** C'est le prix qu'un acheteur propose pour acheter l'option (ou l'actif financier). Traduit de l'anglais voudrait dire "offre" par l'acheteur.

-**Ask :** C'est le prix que le vendeur demande pour vendre son option (ou un autre actif financier). Traduit de l'anglais voudrait dire "demande" du vendeur.

-**Spread :** Est la différence entre le bid et le ask. L'écart entre ce que propose l'acheteur et demande le vendeur.

-**Open Interest :** Représente le niveau de l'offre et la demande sur une option donnée. Plus l'open interest est important, plus l'option est liquide (vendable et achetable facilement) et plus les prix sont cohérents. Il est conseillé pour les débutants d'acheter des options avec un niveau minimum de 500 d'open interest. En effet, en dessous il est possible que l'option soit difficilement revendable ou que le prix obtenu pour la vente (ou l'achat) ne soit pas favorable.

Dans les options très liquides, la différence entre le bid et l'ask est faible (jusqu'à 5 cents) avec les options peu liquides il peut être de plusieurs dizaine de cents.

-**Exercer** : Quand le propriétaire de l'option saisit l'opportunité et décide d'exercer son droit. Sur un put il vend un paquet de 100 actions, sur un call il les achète.

-**Assigner** : Quand le propriétaire de l'option que vous avez vendu saisit l'opportunité et décide d'exercer son droit, il vous a assigné. En tant que vendeur vous avez l'obligation de respecter votre engagement. Par exemple, si vous avez vendu le Put et que l'acheteur a décidé d'exercer. Votre compte sera débité de Strike price * 100 mais votre portefeuille aura récupéré 100 actions.

-**Être couvert** : *Concept très important* qui signifie que le vendeur d'une option a les moyens de remplir l'obligation liée à l'option. En d'autres termes si vous vendez un put il faut avoir les fonds pour acheter les 100 actions. Si vous êtes vendeur d'un call, il vous faut détenir au moins 100 actions ou éventuellement un autre call.

-**Options de type Américaine ou Européenne :** Les options américaines peuvent être exercées à tout moment jusqu'à l'expiration. Les options de type européennes ne peuvent être exercées qu'à la date d'expiration. Les options américaines sont les plus communes, et nous utiliserons celles-ci dans tous nos exemples. La différence n'est en fait pas très importante car dans la plupart des cas les options ne sont pas exercées ou le sont très peu de temps avant la date d'expiration.

-**VIX :** Le VIX est un produit financier (dans lequel il est possible d'investir uniquement via les options) qui mesure la volatilité du S&P 500. Il est aussi surnommé “Indice de la peur” car en général il monte dans des marchés volatiles ou baissiers.

-**Volatility skew :** décrit le concept que pour une même échéance la volatilité implicite est différente selon le strike price et selon qu'il s'agisse d'un put ou d'un call. En pratique plus le cours du sous-jacent s'éloigne du strike price, plus la volatilité de l'option sera importante. En parallèle, il a été constaté de façon empirique que les puts et les calls ont une volatilité implicite différente. Il en résulte un prix légèrement supérieur pour les puts que pour les calls.

Par exemple Microsoft cote à 340 USD, alors en théorie les volatilités implicites d'un call et d'un put avec un strike price de 340 USD devraient être égales. Mais en général elles ne le sont pas et il en résulte des primes différentes pour le call / put “miroir”. Cette différence est la conséquence de l'offre et la demande de puts / calls pour ce sous-jacent. Ceci traduit aussi les anticipations et les sentiments du marché sur l'évolution future du sous-jacent.

En général les puts sont un peu plus chers que les calls, ce qui ne veut pas forcément dire que le marché anticipe une baisse. Une des raisons principales qui explique que les puts soient plus chers est que beaucoup d'opérateurs de marché utilisent les puts afin de se couvrir des potentielles baisses du marché.

Par contre dans le sens inverse, si les calls sont plus chers que les puts alors cela signifie que le marché entrevoit une hausse future du cours du sous-jacent. C'est un indicateur parmi d'autres, mais évidemment les anticipations du marché ne sont pas forcément ce qui se produit en réalité.

Les grecques

-**Delta** : *est la lettre grecque la plus importante à maîtriser et à utiliser.* Elle se définit par la variation du prix de l'option correspondant à la variation de 1 point (1 USD, ou 1 Euro) du sous-jacent. Un delta de 0,4 signifie que pour toute variation de 1 dollar le prix de l'option correspondante variera de 0,4$. Sur notre exemple Disney, avec un delta de 0,4 cela signifie que si le cours passe de 97 $ à 98 $ alors le premium passerait de 4,5 $ à 4,9 $.

Pour un Put, le delta est inverse de la variation du sous-jacent, autrement dit si le cours du sous-jacent augmente d'un dollar alors le cours de l'option baissera de 1 * Delta. En revanche, si le cours baisse la prime du put s'appréciera du delta. Par exemple, si nous détenons un put Coca Cola avec un strike price 50 USD, un cours actuellement de 48 USD, une prime valorisée à 2,70 USD et un delta de 0,6. Si le cours de Coca-Cola baisse à 47 USD, alors la valeur du Put passera à 3,30 USD (2,70 USD + 0,6 USD correspondant au Delta). A l'inverse si le cours passait à 49 USD alors la prime serait de 2,10 USD (2,70 – 0,60).

Selon les stratégies on visera un Delta plus ou moins fort.

Le Delta a une autre utilité, il indique *approximativement la probabilité qu'estime le marché que l'option expire in the Money.* Autrement si l'option a un delta de 0,40, cela signifie que le marché estime que l'option a 40% de chance d'expirer In the Money. Cette fonction du Delta est très utile car elle aide à planifier vos trades et à réfléchir en termes de probabilités de gains et de pertes.

Les autres grecques décrits ci-dessous sont moins usitées et donc présentées à titre informatif. Il n'est pas nécessaire de connaître parfaitement les grecques pour commencer et gagner de l'argent dans les options.

-**Gamma :** mesure l'impact de la variation d'un point du sous-jacent sur le Delta. Le Gamma dépendra grandement du niveau du sous-jacent par rapport au strike price. Si l'option est "fortement in the money", par exemple le cours du sous-jacent cote à 100 USD alors que le strike price du call est de 80 USD le gamma sera faible. En effet, la probabilité que le call termine in the money restera très forte que le cours soit de 99 USD ou 101 US. En revanche si les cours et le strike price sont très proches lors une variation d'un point du cours peut avoir un grand impact sur le Delta. Dans la même logique plus la date d'expiration est proche plus le gamma sera fort (puisque le cours aura moins de temps évoluer et sera plus proche du cours "final" de la date d'expiration).

Si par exemple une option à un Delta de 0,35 et un gamma de 0,1 , et que le cours du sous-jacent augmente de 1 USD alors le Delta passera à 0,45 (0,35+0,10).

-**Theta :** Mesure le taux de déclin du premium en fonction du temps. Plus la date d'expiration est proche, plus le Theta est important. Le Theta est toujours négatif. Toutes choses égales par ailleurs un Thêta de -0,2, signifie que chaque jour qui passe la prime de l'option perd 0,2 USD.

-**Vega :** Mesure la sensibilité du prix de l'option au changement de Volatilité Implicite. Plus clairement, c'est la variation du prix de l'option en fonction de la variation de la volatilité du sous-jacent. Avec un Vega de 0,30 pour chaque mouvement de 1% de la Volatilité Implicite le prix de l'option bougera de 0,3 USD sur le prix de l'option. Si le prix de l'option était de 2USD avec un Vega de 0,2, et dans le cas où la volatilité implicite augmente d'un point alors le prix de l'option passerait à 2,20 USD.

7

Reproduction d'une chaine d'option

Afin de faciliter la compréhension du sujet vous trouverez ci-dessous une reproduction d'une chaîne d'option. La reproduction facilite la lecture par rapport à une capture d'écran.

Ci-dessous une chaîne complète de Mars 2023 sur le sous-jacent Visa avec une date d'expiration dans 35 jours. Le titre cotait 211,40 USD au moment de la reproduction.

Une chaîne se présente en 2 éléments principaux. A gauche les Calls et à droite les Puts. Au milieu se trouve toujours le strike price. Dans cet exemple, le strike price change par incrément de 5 USD. En général, les chaînes sont classées avec un strike décroissant. Dans notre reproduction, nous commençons à 190 USD pour finir à 230 USD.

Comment lire la chaîne :

Bid et ask sont l'offre et la demande comme vu au chapitre précédent. Last représente le prix de la dernière transaction. Le volume est le volume du jour. Open interest, IV (implied volatility ou volatilité implicite) et le delta sont tels que décrits aux chapitres précédents.

REPRODUCTION D'UNE CHAINE D'OPTION

CALLS								PUTS						
Bid	Ask	Last	Volume	Open interest	IV	Delta	Strike price	Bid	Ask	Last	Volume	Open interest	IV	Delta
22.15	22.40	22.42	17	80	30.1%	0.879	190	1.23	1.28	1.24	199	3.79k	29.6%	0.121
17.60	17.95	18.25	7	10	27.9%	0.827	195	1.78	1.83	1.80	264	3.54k	27.9%	0.173
13.65	13.80	13.62	46	587	26.5%	0.753	200	2.66	2.72	2.70	451	3.94k	26.3%	0.247
10.00	10.15	10.20	64	605	25.4%	0.655	205	4.05	4.15	4.00	723	5.04k	25.1%	0.345
7.00	7.05	6.95	1.69k	3.27k	24.8%	0.538	210	6.00	6.15	6.15	2.07k	5.40k	24.7%	0.472
4.70	4.80	7.70	1.15k	5.31k	24.6%	0.416	215	8.75	8.80	8.75	2.01k	5.04k	24.3%	0.584
3.10	3.20	3.10	460	5.22k	24.7%	0.305	220	12.05	12.20	12.05	217	3.41k	24.2%	0.695
1.99	2.03	1.99	3.08k	8.88k	25.1%	0.217	225	15.85	16.20	15.45	42	3.03k	24.5%	0.783
1.27	1.31	1.27	347	9.49k	25.5%	0.150	230	20.15	20.40	20.35	14	6.33k	24.7%	0.850

L'analyse de la chaîne et des différents éléments montre que les chiffres y sont totalement logiques. En effet :

- Plus le strike price est proche du cours (en l'occurrence 210 USD et 215 USD) plus les volumes sont importants. Nous avions 1,690 calls échangés pour un strike de 210 USD contre seulement 7 pour un strike de 195 USD. Il en résulte que plus les volumes sont importants, plus l'écart entre le bid et l'ask est faible. Pour rappel, cet écart est aussi appelé spread en anglais.

- Plus le strike price est éloigné du cours, plus la volatilité implicite est forte. Sur les calls la volatilité décline de 30.1% à 24.6% quand le strike passe de 190 USD à 215 USD puis elle remonte à 25.5% quand le strike passe à 230 USD.

- Enfin vous aurez noté que la somme des deltas pour le call et le put d'un même strike est égale à 1. Sur le strike de 205 USD le marché estime que le call a 65.5% de finir in the money. Autrement écrit cela veut dire que Visa a 65.5% d'avoir un cours supérieur à 205 USD à l'expiration de l'option. Evidemment ceci signifie que le put au même strike a seulement 34.5% de chance de terminer in the money et donc que le cours soit inférieur à 205 USD à la date d'expiration. Tout ceci est logique puisqu'avec une action cotant à 211,40 USD il est plus probable que dans 35 jours elle termine au-dessus de 205 USD plutôt qu'en dessous. Ce calcul d'additionner les deux deltas ne fonctionnera pas toujours si une option est fortement In the money et une autre fortement out of the money.

CALLS							
Bid	Ask	Last	Volume	Open interest	IV	Delta	Strike price
22.15	22.40	22.42	17	80	30.1%	0.879	190
17.60	17.95	18.25	7	10	27.9%	0.827	195
13.65	13.80	13.62	46	587	26.5%	0.753	200
10.00	10.15	10.20	64	605	25.4%	0.655	205
7.00	7.05	6.95	1.69k	3.27k	24.8%	0.538	210
4.70	4.80	7.70	1.15k	5.31k	24.6%	0.416	215
3.10	3.20	3.10	460	5.22k	24.7%	0.305	220
1.99	2.03	1.99	3.08k	8.88k	25.1%	0.217	225
1.27	1.31	1.27	347	9.49k	25.5%	0.150	230

PUTS							
Strike price	Bid	Ask	Last	Volume	Open interest	IV	Delta
190	1.23	1.28	1.24	199	3.79k	29.6%	0.121
195	1.78	1.83	1.80	264	3.54k	27.9%	0.173
200	2.66	2.72	2.70	451	3.94k	26.3%	0.247
205	4.05	4.15	4.00	723	5.04k	25.1%	0.345
210	6.00	6.15	6.15	2.07k	5.40k	24.7%	0.472
215	8.75	8.80	8.75	2.01k	5.04k	24.3%	0.584
220	12.05	12.20	12.05	217	3.41k	24.2%	0.695
225	15.85	16.20	15.45	42	3.03k	24.5%	0.783
230	20.15	20.40	20.35	14	6.33k	24.7%	0.850

8

LES STRATEGIES DE BASE

Maintenant que vous avez un bon aperçu des options, le moment est venu de regarder les différentes stratégies. Comme nous l'avons vu, vous pouvez être vendeur ou acheteur de put, vendeur ou acheteur de call. C'est le moment de mettre en application tout ce qui a été discuté auparavant. L'ouvrage passe en revue les quatre stratégies principales et expose une combinaison simple.

Selon la taille de votre portefeuille et vos objectifs, certaines stratégies seront à privilégier. Il est impossible de lister toutes les situations personnelles dans un livre. Une revue de vos objectifs, tolérance aux risques et moyens disponibles serait nécessaire mais l'on peut résumer grossièrement :

Objectif principal :	**Stratégie :**
Croissance du portefeuille	Achat de call
Couverture contre les baisses	Achat de put
Revenu complémentaire	Vente de put
Spéculation à la baisse	Achat de put
Risquer de tout perdre !	Vente de call non couvert

9

Acheter un call

Pour rappel, moyennant le paiement d'une prime vous obtenez le droit d'acquérir un paquet de 100 actions. Vous avez le contrôle et pouvez exercer l'option à tout moment jusqu'à la date d'expiration.

Dans quel contexte acheter un call : Vous êtes convaincu que sur le moyen ou long terme **l'action va s'apprécier de façon significative**. Par exemple Disney vous semble sous valorisé ou sa nouvelle stratégie de concurrencer Netflix vous semble très prometteuse. Dans ce cas, l'achat d'un call va permettre de bénéficier d'un fort effet de levier sur la hausse du titre.

Il est bien entendu toujours possible de spéculer sur des petites entreprises plus volatiles ou instables mais cela est beaucoup plus risqué puisque comme vu dans les chapitres précédents la prime de l'option sera plus forte et donc la hausse nécessaire plus importante afin de réaliser un profit. D'une façon générale il est recommandé aux débutants de d'abord se focaliser sur des entreprises stables avec un fort potentiel de croissance ou des indices.

<u>Gains potentiels :</u> Les gains sont théoriquement illimités. En effet, le cours d'une action peut augmenter de façon illimitée. Puisque la prime dépend de plusieurs variables il n'est pas possible de déterminer une règle unique.

Ceci dit, il y a un effet de levier et l'augmentation du prix de l'option sera toujours supérieure à celle du sous-jacent. L'effet démultiplicateur dépend du niveau de la hausse, de la volatilité, de la date d'expiration et évidemment du prix d'achat.

<u>Pertes potentielles :</u> La perte maximale est la totalité de la prime payée.

<u>Tableau illustratif de l'achat d'un call longue durée :</u>

Au moment de l'achat le cours du sous-jacent est de 100 USD et la volatilité de 25%.

Le call a été acheté le 10/01/24 et a pour date d'expiration le 09/01/2025. C'est donc un call d'une durée d'un an. Le strike price est de 100 USD. La prime à l'achat était de 10,599. Soit un coût de 1 059,90 USD (10,599 x 100).

Il y a une étape intermédiaire à 120 jours avant l'expiration, à savoir le 12/09/24.

Cours	Valeur prime 120 jours exp	Valeur prime à expiration	Résultat 120 jours	Résultat expiration
50 USD	0,00	0	-$1 059,90	-$1 059,90
60 USD	0,00	0	-$1 059,90	-$1 059,90
70 USD	0,03	0	-$1 057,30	-$1 059,90
80 USD	0,35	0	-$1 025,10	-$1 059,90
90 USD	1,93	0	-$867,40	-$1 059,90
95 USD	3,58	0	-$702,30	-$1 059,90
100 USD	5,92	0	-$468,40	-$1 059,90
105 USD	8,98	5	-$161,60	-$559,90
110 USD	12,62	10	$202,50	-$59,90
120 USD	21,19	20	$1 058,60	$940,10
130 USD	30,68	30	$2 008,10	$1 940,10
140 USD	40,54	40	$2 993,60	$2 940,10
150 USD	50,60	50	$3 999,90	$3 940,10
200 USD	100,49	100	$8 989,00	$8 940,10

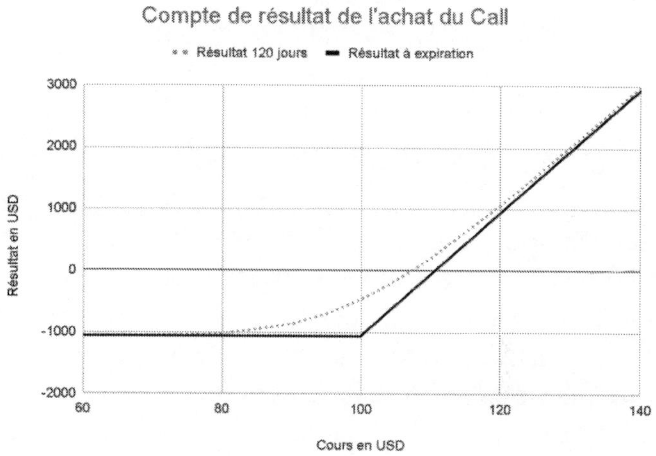

La ligne en pointillé représente le résultat à 120 jours. La courbe pleine représente le résultat à expiration.

Interprétation d'une courbe de pertes et profits :

D'une manière générale et ceci est valable pour les lectures de courbes de risques sur les options. L'on voit bien qu'environ entre 80 et 125 USD la courbe en pointillé (120 jours avant expiration) est située au-dessus de la courbe pleine (résultat à expiration). Cette différence représente la valeur extrinsèque (volatilité et temps) de l'option. En effet entre 80 et 125 USD le marché anticipe qu'elle a plus de “potentiel” pour varier et donc intègre dans la prime un petit surplus. En revanche, en dessous de 80 USD le marché anticipe qu'il est improbable que le cours revienne au-dessus du strike price (en l'occurrence 100 USD) et donc les 2 courbes se superposent. De la même façon, à partir du moment où le cours est à environ 125 USD la probabilité que le cours reste au-dessus de 100 USD est très forte et donc les courbes se superposent.

Conclusions :

La première constatation est de voir que le call ne génère du profit que si le cours est supérieur à 107,40 USD 120 jours avant l'expiration ou bien supérieur à 110,59 USD à la date d'expiration. En dessous, il génère une perte. Si le cours termine en dessous de 100 USD alors la perte est de 100% à l'expiration. La perte théorique à 120 jours est presque de 100% si le cours descend en dessous des 80 USD. A l'expiration si le cours est à 100 USD ou moins la perte sera de 100% de la prime. **Il y a donc un risque assez important de perdre 100% de sa mise de départ.**

Cependant, les tableaux et le graphique montrent bien aussi qu'en cas d'appréciation importante du cours les bénéfices sont démultipliés. Par exemple, si le cours s'est apprécié de 20% entre janvier et septembre alors le retour sur investissement serait de 100%. Si l'appréciation de 20% a eu lieu sur l'année entière alors le retour sur investissement est de 89%.

Naturellement si le cours augmente encore plus, les bénéfices peuvent être considérables. Une hausse de 50% du sous-jacent générant un profit de plus de 370%.

Évidemment il y a un risque de tout perdre mais les pertes sont limitées à la mise de départ (on ne peut pas perdre plus que ce qui a été investi) et les gains peuvent être illimités. Perdre au maximum 100% mais potentiellement gagner plus de 100%.

Acheter des options avec une date d'expiration plus courte ou avec un strike price très éloigné du cours peut générer des retours encore supérieurs mais la contrepartie étant que la probabilité de faire un profit sera réduite. Et par conséquent celle de perdre plus importante.

J'en profite pour faire un petit test de compréhension :

Si la volatilité était plus importante ou que la date d'expiration plus éloignée pensez-vous que la courbe en pointillé aurait été-elle plus proche ou plus éloignée de la courbe pleine (expiration) ? Réfléchissez...

La bonne réponse est plus éloignée. En effet la valeur extrinsèque aurait été plus importante et donc la valeur de la prime plus importante. La superposition des deux courbes serait intervenue a par exemple 70 USD puis à 140 USD.

D'une manière générale, plus la date d'expiration diminue, plus les courbes se rapprochent pour ensuite fusionner le dernier jour.

Comparaison achat de call et achat d'actions :

Vous trouverez ci-dessous un tableau illustratif des gains et pertes d'une option comparée à l'achat de 100 actions. Avec 100 actions (hors frais de courtages et dividendes) le montant total de l'investissement est de 10.000 USD (100 actions x 100 USD). L'option est la même que sur l'illustration précédente et coûtera 1 059 USD (10,59 de prime x 100 actions).

Cours	Retour call 120 jours avant exp	Retour call à expiration	Retour achat 100 actions
50 USD	-100%	-100%	-50%
60 USD	-100%	-100%	-40%
70 USD	-100%	-100%	-30%
80 USD	-97%	-100%	-20%
90 USD	-82%	-100%	-10%
95 USD	-66%	-100%	-5%
100 USD	-44%	-100%	0%
105 USD	-15%	-53%	5%
110 USD	19%	-6%	10%
120 USD	100%	89%	20%
130 USD	189%	183%	30%
140 USD	282%	277%	40%
150 USD	377%	372%	50%
200 USD	848%	843%	100%

Votre appétit pour le risque sera un critère très important pour décider d'acheter ou non des Calls. Avec l'achat d'une option le retour sur investissement peut être bien plus important. En effet, dans cet exemple, le coût de l'achat de 100 actions est presque 10 fois supérieur à celui de l'achat d'un call. Donc si le mouvement va dans le bon sens et est suffisant, le retour sur investissement est bien plus important que sur les actions.

Le niveau de la hausse est primordial. Si elle n'est "que" de 10% alors votre position sera perdante, alors qu'avec les actions, vous auriez réalisé un profit de 10%.

En contrepartie de cet effet de levier, un autre élément à prendre en compte est que la hausse doit se produire dans le temps imparti. Et c'est un des grands problèmes de l'achat des options. Sur le long terme il est possible que vous ayez raison mais sur le court et moyen terme, le marché peut rester irrationnel.

<u>Caractéristiques recherchées pour un débutant</u>

Pour les débutants qui souhaitent bénéficier de l'effet de levier, il est parfois recommandé de rechercher une entreprise importante/établie avec un fort potentiel de croissance mais dont la valorisation est attractive. Idéalement pour bénéficier à plein de la hausse l'on recherche une option avec un Delta important (supérieur ou égal à 0.5).

Et bien entendu, il est évident qu'il vaut mieux acheter le moins cher possible et donc essayer de trouver une option dont la Volatilité Implicite est relativement faible.

Enfin dans une démarche d'investissement (plus que de trading) il est en général admis qu'il faut miser sur des options à long terme. Le concept étant que sur le long terme les marchés s'apprécient (ou au moins le marché américain qui historiquement augmente en moyenne d'environ

10% par an). Le strict minimum pour investir étant de 120 jours. Il est plutôt recommandé d'acheter une option dont la date d'expiration est supérieure à un an. Certes l'option sera plus chère mais vous laisserez plus de temps à un titre de qualité pour s'apprécier et serez moins sous la pression du temps. Pour faire simple, vous pouvez aussi choisir l'option avec la date d'expiration la plus éloignée. Les caractéristiques ci-dessus sont des indications générales qu'un investisseur privilégie mais **il est absolument indispensable que le lecteur fasse sa propre analyse et sa propre opinion**. Les objectifs et la tolérance au risque sont propres et uniques à chacun.

Dans le cadre d'un investissement plus spéculatif (quelques jours) les caractéristiques de l'option seraient différentes. Le sous-jacent probablement différent (plus volatile), les termes plus courts et les Volatilités Implicites différentes.

Exercer ou non ? :

Ceci est à votre discrétion. Si vous souhaitez acquérir les 100 actions alors effectivement vous pouvez exercer votre option. Attention si vous exercez l'option bien avant la date d'expiration vous risquez de perdre la part de la valeur extrinsèque de la prime. *Les personnes qui souhaitent exercer attendent en général les derniers jours avant d'exercer.* Si vous souhaitez prendre le profit de votre option alors vendez la plusieurs jours, voire plusieurs semaines avant expiration.

L'achat d'un call étape par étape

Illustration avec Nike :

a) Vous avez fait vos recherches et êtes convaincu que l'action Nike est sous valorisée et va s'apprécier de façon importante dans les 12 prochains mois. A cause d'une mauvaise nouvelle temporaire (par exemple le boycott de produits Nike par une pseudo star de la téléréalité) le titre a baissé de façon démesurée. Ou bien vous venez de recevoir l'information en avant-première que Nike a inventé une combinaison sportive qui vous permet de perdre du poids juste en marchant. La commercialisation est prévue dans 12 mois.

b) Vous déterminez que vous souhaitez acheter un call at the money (proche du cours actuel). Aussi puisque vous pensez que l'action augmentera dans 12 mois vous recherchez une option d'au moins 12 mois plus 120 jours (pour tenir compte du time decay). Pour faire simple, vous choisissez l'option avec l'expiration la plus longue. Donc vous recherchez une option d'environ 480 jours ou plus.

c) Vous vérifiez les caractéristiques, le Delta est supérieur à 0.5 et l'IV n'est pas trop élevée. L'option est un peu chère mais vous pensez que cela en vaut la peine. Pour ceux qui connaissent l'analyse technique vous pouvez aussi vérifier que les graphiques et indicateurs penchent pour une hausse.

d) Vous achetez votre option. NIKE 100 CALL 19/01/2026

e) Optionnel mais hautement recommandé vous déterminez un prix pour lequel vous souhaitez prendre vos profits, et un autre pour lequel vous décidez de sortir et couper vos pertes (le cas échéant).

f) A intervalle régulier, vous vérifiez les cours et les résultats de Nike.

g) A 120 jours avant l'échéance, il est indispensable de revoir la situation. Une décision sur conserver ou revendre le call doit être prise. Attention au time decay si vous conservez l'option.

h) Proche de l'expiration vous devez avoir revendu l'option ou avoir décidé de la conserver afin de l'exercer au lendemain de la date d'échéance. Pour rappel à l'expiration l'option aura perdu toute sa valeur temps et ne restera plus que la valeur intrinsèque.

10

VENDRE UN CALL

Pour rappel, moyennant l'encaissement d'une prime, vous avez l'obligation de livrer un paquet de 100 actions à un prix défini. Le contrôle de l'exercice est dans les mains de l'acheteur.

Dans quel contexte vendre un call : Vous êtes détenteurs d'au moins 100 actions d'une entreprise. Son potentiel d'appréciation est limité mais pour des raisons personnelles vous aimez les avoir dans portefeuille. Vous souhaitez recevoir un "loyer complémentaire" qui vous rémunère pour être propriétaire des actions. Ceci est la stratégie de base pour une vente de call couverte.

C'est aussi une technique à utiliser si vous souhaitez vendre vos actions à un prix donné. Si vous êtes 'exercés' vous aurez perçu le strike price plus un petit complément de prime d'option.

Dans quel contexte **ne pas** vendre un call : Ne JAMAIS vendre un call nu (pas couvert). En effet les pertes peuvent être **illimitées**. Avec un peu de malchance cela pourrait revenir à devoir payer pour tout l'immeuble alors que l'on a seulement perçu un petit mois de loyer. Même un kamikaze ne s'y aventurait pas, seulement quelqu'un de non informé. Le lecteur de cet ouvrage n'a aucune excuse. Si vous ne me croyez toujours pas regardez peut-être ces quelques chiffres vous convaincront. Sur le même exemple utilisé pour l'achat du call. Si le sous-jacent s'apprécie de 40% vos pertes seraient de 2 940 USD (-277%), et de 3 940 USD pour une hausse de 50% voire même de -843% si le cours doublait. Et encore ici puisqu'il s'agit d'un call avec une date d'expiration lointaine, le premium est important. Mais imaginez l'impact si votre prime n'est que de 100 USD par exemple. Les pertes seraient alors en milliers de pourcent.

Si vous n'êtes pas convaincu et décidez quand même de vendre des calls non couverts alors je n'ai plus qu'un seul conseil : fermez ce livre immédiatement, ne touchez pas aux options et laissez votre épargne tranquille dans un livret sans risque.

Bien je vous ai convaincu de ne pas vendre de call à découvert. Votre épargne en est ravie et soulagée !

<u>Gains potentiels :</u> Les gains se limitent à la prime perçue.

<u>Pertes potentielles :</u> Sur les calls couverts il n'y a pas de pertes réelles. La seule perte est potentiellement une perte d'opportunité (le paquet de 100 actions aurait pu être vendu plus cher). Pour les calls non couverts voire plus haut.

<u>Caractéristiques recherchées pour un débutant</u>

L'action est déjà dans votre portefeuille donc vous devez la connaître. Pour une vente de call, il vaut mieux privilégier les entreprises dont la capacité d'appréciation est limitée. Des titres défensifs sont une possibilité.

Ici comme vous êtes vendeur dans l'idéal vous souhaiteriez avoir une option avec une forte IV (prix plus fort) mais ceci risque d'être compliqué avec des titres plus "stables".

Sur le sujet de la durée il y a deux écoles :

- Vendre souvent à courte échéance mais avec une prime modeste. Puisque vous pouvez ajuster souvent le strike price, ceci permet de jouer sur les probabilités d'être exercé ou non. Ceci est à privilégier si vous ne souhaitez pas vendre les actions. Le grand avantage est que le temps joue pour vous et le déclin temporel rapide.
- L'autre école est de vendre à longue échéance, mais dans ce cas vous devez conserver les actions pendant toute la durée du contrat et être plus exposé à une éventuelle perte d'opportunité. Évidemment la prime sera plus importante. Dans l'exemple plus haut de l'achat de calls vous toucheriez 1 059 USD directement. Le fait de toucher immédiatement plus de 10% de la valeur des actions en échange de les conserver un an peut paraître alléchant à certains. Aussi cela peut vous permettre de réinvestir ces 1,059 USD et de bénéficier d'intérêts composés.

<u>La vente d'un call étape par étape</u>

(Illustration avec Nike)

a) Vous avez les actions en portefeuille.

b) Vous définissez votre stratégie (courte ou lointaine expiration). Vous définissez le strike pour lequel vous seriez satisfait(e) de vendre vos actions.

c) Vous vérifiez les caractéristiques de l'option. Notamment que la volatilité implicite soit de préférence élevée. Ceci étant écrit, le plus important dans la vente d'un call est que le strike price sélectionné soit satisfaisant. Vous pouvez prendre ce que le marché offre ici ou bien attendre que la volatilité implicite remonte.

d) Vous vendez votre option. NIKE 120 CALL 25/03/2024

e) Vous attendez patiemment. Si le call a perdu une grande partie de sa valeur, vous pouvez le racheter pour un profit. Si vous décidez de finalement conserver vos actions alors le rachat du call est aussi possible.

f) A l'expiration, vous espérez que le cours soit inférieur au strike (si vous souhaitez conserver le sous-jacent).

Afin de faciliter la compréhension, nous allons illustrer la vente du call en utilisant l'exemple du chapitre précédent. Si ce n'est qu'ici vous êtes le vendeur du call.

D'ailleurs ceci illustre bien le concept des options qui est un jeu à somme nulle. Le gain de l'acheteur étant la perte du vendeur, et inversement.

Nous allons distinguer les résultats entre un call couvert et découvert.

Vente d'un call à découvert :

Cours	Valeur prime 120 jours exp	Valeur prime à expiration	Résultat 120 jours	Résultat expiration
50 USD	0,00	0	$1 059,90	$1 059,90
60 USD	0,00	0	$1 059,90	$1 059,90
70 USD	0,03	0	$1 057,30	$1 059,90
80 USD	0,35	0	$1 025,10	$1 059,90
90 USD	1,93	0	$867,40	$1 059,90
95 USD	3,58	0	$702,30	$1 059,90
100 USD	5,92	0	$468,40	$1 059,90
105 USD	8,98	5	$161,60	$559,90
110 USD	12,62	10	-$202,50	$59,90
120 USD	21,19	20	-$1 058,60	-$940,10
130 USD	30,68	30	-$2 008,10	-$1 940,10
140 USD	40,54	40	-$2 993,60	-$2 940,10
150 USD	50,60	50	-$3 999,90	-$3 940,10
200 USD	100,49	100	-$8 989,00	-$8 940,10

Cours	Retour 120 jours avant exp	Retour à expiration	Evolution cours 100 actions
50 USD	100%	100%	-50%
60 USD	100%	100%	-40%
70 USD	100%	100%	-30%
80 USD	97%	100%	-20%
90 USD	82%	100%	-10%
95 USD	66%	100%	-5%
100 USD	44%	100%	0%
105 USD	15%	53%	5%
110 USD	-19%	6%	10%
120 USD	-100%	-89%	20%
130 USD	-189%	-183%	30%
140 USD	-282%	-277%	40%
150 USD	-377%	-372%	50%
200 USD	-848%	-843%	100%

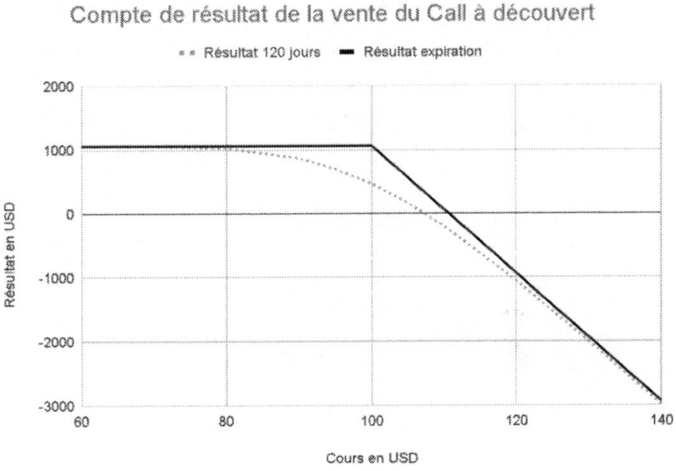

Le tableau et le graphique illustrent bien le risque encouru par la vente d'un call à découvert. Dès que le cours dépasse 100 USD, les pertes deviennent exponentielles. Évidemment ce graphique considère qu'il n'y pas de couverture, c'est-à-dire que vous ne détenez pas 100 actions ou un autre call équivalent.

Vente d'un call couvert :

Ici nous allons considérer que vous détenez 100 actions du sous-jacent que vous comptez vendre. Les résultats sont ici la somme de l'impact du call plus l'impact de l'évolution des 100 actions.

Par exemple, le résultat à expiration pour 90 USD est égal a 1 059 USD moins 1 000 USD (100 actions * - 10 USD).

Cours	Résultat 120 jours	Résultat expiration
50 USD	-$3 940,10	-$3 940,10
60 USD	-$2 940,10	-$2 940,10
70 USD	-$1 942,70	-$1 940,10
80 USD	-$974,90	-$940,10
90 USD	-$132,60	$59,90
95 USD	$202,30	$559,90
100 USD	$468,40	$1 059,90
105 USD	$661,60	$1 059,90
110 USD	$797,50	$1 059,90
120 USD	$941,40	$1 059,90
130 USD	$991,90	$1 059,90
140 USD	$1 006,40	$1 059,90
150 USD	$1 000,10	$1 059,90
200 USD	$1 011,00	$1 059,90

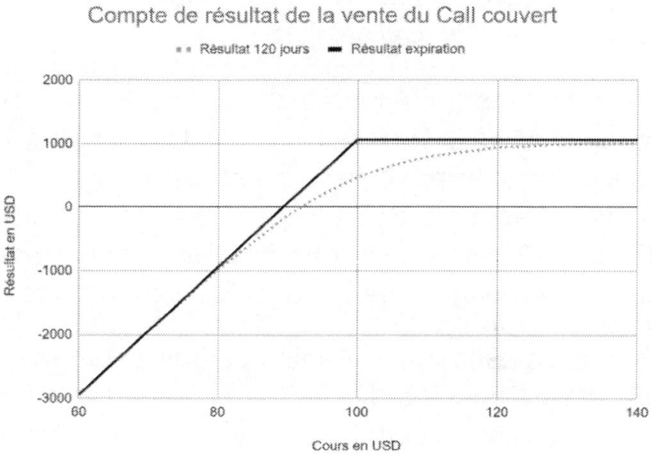

Vous devez être surpris car le profil du graphique est totalement différent pour un call couvert que pour un call découvert. En effet si le call est couvert, à partir de 100 USD l'augmentation du cours du sous-jacent dégrade la valeur du call mais ceci est entièrement compensé par l'augmentation de la valeur de votre paquet de 100 actions. Par exemple si le cours est de 130 USD :

Vous aurez vendu l'option à 1,059,90 USD.

A expiration elle vaut 3 000 USD.

Donc pour un call non couvert ceci est une perte de 1 940,10 USD (1 059,90 - 3 000). Cependant si vous détenez les 100 actions votre portefeuille s'est aussi apprécié de 3 000 USD (130 USD / action - 100 USD / action) *100 actions du portefeuille. La perte sur l'option est neutralisée par le gain sur les 100 actions.

Le graphique illustre bien les avantages et les inconvénients d'un call couvert.

Si le cours reste au-dessus de 100 USD vous êtes garanti d'un gain équivalent à la valeur de la prime vendue. **Par contre votre gain est capé** à cette prime vendue. C'est bien tant que le cours est inférieur à 110,59 USD (Strike price + Prime initiale) mais au-delà vous perdez le bénéfice de l'appréciation du cours.

Prenons l'exemple que l'action se soit appréciée de 40% et soit passé a 140 USD. Si vous n'aviez pas vendu le call, vous auriez bénéficier de l'intégralité des 40% de hausse (4.000 USD). En ayant vendu le call vous ne bénéficiez que d'une petite part (1.059,90 USD) de cette hausse. C'est pour cela que certains voient la vente d'un call comme une sorte de loyer ou rente perçue sur les actions. Ils ne se soucient pas des fluctuations du cours mais jouent plutôt sur le rendement. *Dans cette situation la vente d'un call peut être apparentée à l'échange d'un petit gain certain contre un gain plus important mais incertain.*

Ceci explique pourquoi l'on recommande aux débutants de commencer par vendre des calls d'entreprises plutôt stables et à un strike price pour lequel vous seriez satisfait de vendre. Dans notre exemple, si vous aviez décidé que 120 USD est un bon prix de vente alors vous auriez pu vendre un call avec un strike de 120 USD. Certes vous auriez perçu une prime bien plus faible mais vous n'auriez pas eu de regrets d'avoir "perdu" la différence entre 140 USD et

120 USD puisque de toute façon vous auriez vendu à 120 USD le paquet de 100 actions.

Un autre avantage est que le vente du call permet d'absorber une chute du cours. Admettons que vous souhaitiez conserver les actions et que le cours ait baissé de 10% et bien dans ce cas la prime perçue absorbe 100% de la moins-value latente sur les actions. Au-delà de 90 USD “l’amortisseur” est épuisé et ne peut compenser une baisse supplémentaire.

11

ACHETER UN PUT

Pour rappel, moyennant le paiement d'une prime, vous avez le droit de livrer un paquet de 100 actions à un prix défini. Étant l'acheteur, le contrôle de l'exercice est entre vos mains.

<u>Dans quel contexte acheter un put :</u> **Deux circonstances principales. Vous êtes baissier sur un titre ou vous souhaitez vous couvrir**.

Vous pensez qu'un titre va baisser. Et vous souhaitez bénéficier de la baisse future du cours. Dans ce cas, vous décidez d'acquérir un put et vous priez pour que le titre baisse. Cette stratégie peut vous rapporter, mais a moins d'un krach, d'un scandale ou d'une faillite à la Wirecard ou Crédit Suisse les gains seront probablement limités.

Vous êtes détenteur de titres dans votre portefeuille et souhaitez-vous couvrir à la baisse. Vous payez une "assurance" que vous utiliserez en cas de baisse du titre.

Gains potentiels : Les gains sont égaux à : (Strike - Cours actuel) x 100 - prime payée. Le maximum possible est donc si l'entreprise sélectionnée fait faillite et que le cours tombe à zéro. Pas impossible en période de crise mais en réalité très rare. Aussi sachez que les vendeurs à découvert (qui utilisent aussi cet outil) ont une armée d'analystes pour dénicher des "bonnes mauvaises affaires" ce qui a tendance à faire monter le prix des primes.

Pertes potentielles : En tant qu'acheteur "seulement" le prix de la prime. J'en profite pour partager mon expérience personnelle : j'ai subi certaines de mes plus grosses pertes sur les options via l'achat de Put. *En effet, miser à la baisse est en fait beaucoup plus compliqué que miser à la hausse.* Les raisons principales étant :

- Les puts sont en général plus chers que les calls
- Vous luttez contre les tendances séculaires de la hausse des marchés (sur les 30 dernières années le Dow Jones est en baisse seulement une année sur quatre environ)
- Le temps joue contre vous.

Caractéristiques recherchées pour la protection

Ici vous souhaitez protéger votre portefeuille ou certains titres de baisses trop importantes. En général les couvertures sont prises pour des périodes courtes en cas de grosses incertitudes ou quand le risque est important. Certes plus le risque est important plus la prime sera forte, mais il faut aussi se demander s'il y a besoin de se couvrir quand tout va bien et que le marché monte ?

Si vous voulez absolument vous couvrir sur un titre en particulier, posez-vous la question : pourquoi souhaitez-vous conserver un titre "baissier" dans votre portefeuille. Les professionnels aiment se couvrir sur les indices plutôt que sur des actions.

Si vous souhaitez vous couvrir sur des titres en particulier alors posez-vous la question : à partir de quel prix serais-je OK pour vendre les actions. Si cela est très proche du cours actuel alors il est probable que vous allez payer assez cher le put.

L'on peut faire l'analogie ici avec l'assurance d'une automobile. Certains voudront s'assurer pour un petit dommage à un rétroviseur avec une faible franchise mais une prime importante. Alors que d'autres préfèrent prendre une assurance moins chère mais avec une franchise de 1,000 Euros qui les couvrent uniquement pour des gros problèmes.

Évidemment plus vous achetez un put out of the money (éloigné du cours actuel) plus la prime est faible. En effet, plus l'écart est important entre le strike et le cours actuel plus la probabilité de gain est faible. Par exemple avec un cours de 100$, si le strike est à 90$ le titre doit baisser de 10%, s'il est 80$ alors le titre devra baisser de 20%.

Ici clairement l'on recherche la protection plutôt que le profit.

Caractéristiques recherchées pour le profit

Dans le cas où vous souhaitez investir, ou plutôt spéculer à la baisse. Ici pas de mystères, essayez de trouver l'entreprise la plus pourrie possible ! Celle susceptible de s'effondrer le plus vite possible. Blague à part, un scandale, un départ ou bien des révélations peuvent être des signes avant-coureurs d'une entreprise qui chute.

Deux possibilités s'offrent à vous, spéculer à très court terme sur une chute importante de titres (par exemple avant une annonce de résultats catastrophiques qui fera chuter le titre) ou parier sur une chute des titres a quelques semaines / mois et dans ce cas acquérir des puts avec une date d'expiration supérieure à au moins 3 mois. Certains sont tentés de se projeter sur le long terme, par exemple en pariant contre les entreprises très polluantes et pour ce faire d'acquérir des puts. Cependant dans ce cas le temps joue particulièrement contre vous. Acheter des puts à long terme est une stratégie très peu usitée.

L'idéal pour cette stratégie aurait été une entreprise comme Orpéa (maisons de retraite). Début janvier 2022 elle cotait aux alentours de 90 Euros… Et puis patatras, reportage télévisé sur les Ehpad et le cours s'est effondré ! A la fin 2023 le prix de l'action était de moins d'un euro. Un put vous aurez rapporté beaucoup d'argent.

L'achat d'un put étape par étape

Illustration de couverture avec Disney :

a) Vous avez au moins 100 actions Disney en portefeuille.

b) Vous souhaitez conserver Disney pour le long terme mais vous craignez une baisse passagère. Vous définissez la durée et le montant approximatif de la baisse.

c) Vous achetez votre option. DIS 110 PUT 25/06/2024

d) Vous attendez que ça se passe. Si vous avez changé d'avis et pensez que le titre ne baissera pas vous pouvez revendre le put (sans doute avec une moins-value). Si vous souhaitez conserver vos titres alors n'exercez pas mais revendez votre put avec une plus-value.

e) Idéalement vous ne devriez plus détenir l'option à l'expiration. Vous devriez l'avoir vendue ou exécutée.

J'ai volontairement omis de détailler les étapes et les résultats d'un achat de put à des fins spéculatives. Cette stratégie peut être très rémunératrice mais réservée à des connaisseurs avisés des options. Elle est très risquée et sa réussite très dépendante d'un timing réalisé à la quasi perfection. Par exemple, les premiers articles et critiques sur Wirecard mettant en doute sa comptabilité et son business model sont apparus en 2008. Le premier article du Financial Times suggérant un trou de 250 millions d'euros fut publié en 2015. L'entreprise ne se sera déclaré en faillite qu'en Juin 2020. De 2015 à 2019 le cours aura été multiplié par 5. Tout cela pour dire que vous auriez pu avoir raison sur Wirecard et cela dès 2015. Mais en achetant des puts tous les mois il est probable qu'au bout des 5 ans vous auriez perdu de l'argent. Avoir raison n'est pas tout, il faut aussi avoir le timing qui joue pour soi et un peu de chance.

Comprenez que souvent vos “adversaires” sont les directeurs / propriétaires de l'entreprise et ils feront tout ce qui est en leur pouvoir pour limiter la chute du cours ou relancer leur entreprise. De votre côté c'est uniquement une “ligne” dans votre portefeuille alors que pour eux c'est leur vie.

Achat d'un put spéculatif tableaux et graphe récapitulatifs de l'impact

Le premier tableau exclut la détention en portefeuille de 100 actions Apple Le second considère que le portefeuille contient 100 actions Apple. L'achat du put est motivé par des indications qui poussent à penser que dans les 3 prochains mois il est probable que le cours perde 15%.

Les conditions sont les suivantes :

- Apple cote à 200 USD
- Vous achetez un put avec un strike price de 190 USD
- La volatilité implicite est de 30%

- Achat du Put avec une durée d'expiration de 180 jours.
- La prime est de 11.135 USD

Tableau <u>sans la détention</u> de 100 actions Apple :

Cours	Valeur prime 90 jours exp	Valeur prime à expiration	Résultat 90 jours	Résultat expiration
220 USD	2,49	0	-$882,40	-$1 131,50
210 USD	4,30	0	-$701,30	-$1 131,50
200 USD	7,04	0	-$427,60	-$1 131,50
195 USD	8,83	0	-$248,50	-$1 131,50
190 USD	10,95	0	-$36,70	-$1 131,50
185 USD	13,46	5	$214,50	-$631,50
180 USD	16,33	10	$501,30	-$131,50
170 USD	23,12	20	$1 180,70	$868,50
160 USD	31,20	30	$1 988,10	$1 868,50
150 USD	40,27	40	$2 895,30	$2 868,50

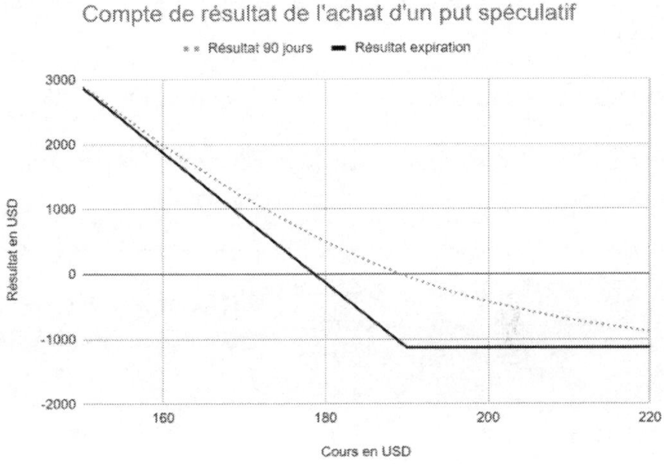

Il est clair que dans le cadre d'un put spéculatif, plus le cours baisse plus le profit monte. Le point mort à expiration (ou l'opération ne génère ni pertes ni profits) est de 178,86 USD (Strike price de 190 USD auquel on déduit la prime versée de 11,135 USD). 90 jours avant expiration le point mort est environ à 189 USD.

Dans les deux cas, cela signifie que le cours doit baisser de façon importante avant de générer un profit. A expiration, le cours doit baisser de plus de 10% pour devenir rentable. Si les prédictions d'une baisse de 15% s'avèrent exactes alors le profit serait de 865 USD soit moins que le capital investi au départ. Le rapport rentabilité / risque n'est en général pas favorable pour l'achat de put spéculatif sauf dans le cadre d'effondrements (une rareté ceci dit).

Put de couverture tableau et graphe récapitulatifs de l'impact

Tableau avec la détention dans 100 actions Apple :

Le résultat à expiration tient en compte l'appréciation, ou la dépréciation des 100 actions Apple.

Cours	Valeur prime 90 jours exp	Valeur prime à expiration	Résultat 90 jours	Résultat expiration
220 USD	2,49	0	$1 117,60	$868,50
210 USD	4,30	0	$298,70	-$131,50
200 USD	7,04	0	-$427,60	-$1 131,50
195 USD	8,83	0	-$748,50	-$1 631,50
190 USD	10,95	0	-$1 036,70	-$2 131,50
185 USD	13,46	5	-$1 285,50	-$2 131,50
180 USD	16,33	10	-$1 498,70	-$2 131,50
170 USD	23,12	20	-$1 819,30	-$2 131,50
160 USD	31,20	30	-$2 011,90	-$2 131,50
150 USD	40,27	40	-$2 104,70	-$2 131,50

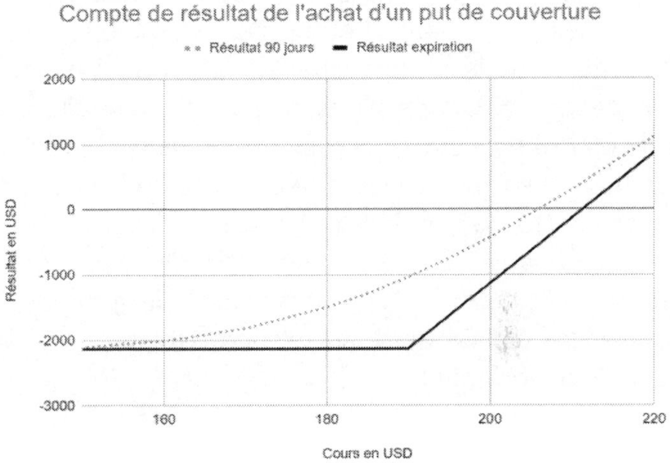

Le grand avantage du put de protection est que la chute au-delà de 190 USD est totalement absorbée. Malgré le fait que le cours baisse dramatiquement, votre portefeuille est en partie protégé et ne s'effondre pas proportionnellement avec le cours. Évidemment, il est nécessaire de payer 1 135 USD pour obtenir ce droit. Mais encore une fois considérez le comme une assurance. Si vous n'avez pas à l'exercer c'est que tout va bien !

Pour la couverture il est intéressant de constater qu'à l'expiration toutes les positions jusqu'à 212 USD sont perdantes. L'exemple ci-dessus a été fait avec une volatilité de 30%, c'est plutôt élevé dans les périodes de calme, mais faible dans les périodes plus agitées. Par exemple, pendant le crash Covid de Mars 2020, la volatilité implicite de Disney est montée jusqu'à 105% !

Pour les prix des puts, on peut s'inspirer des parapluies. S'il fait beau, les parapluies sont abordables mais il est probable que vous n'en ayez pas besoin. S'il commence à pleuvoir, les prix vont s'envoler et il n'est pas certain que vous rentriez dans vos frais. Ceci montre toute la difficulté de l'achat d'un put de protection quand tout va bien, il est probable qu'il ne vous serve à rien et soit une dépense à fonds perdus. Et quand c'est la panique, le prix de la couverture est tel que cela n'a probablement aucun sens financièrement.

12

Vendre un put

Pour rappel, moyennant l'encaissement d'une prime, vous avez l'obligation d'acheter un paquet de 100 actions à un prix défini. Le contrôle de l'exercice est entre les mains de l'acheteur.

Avec une bonne exécution il est possible en vendant des puts de générer des gains bruts de 1% à 2% par mois avec un risque limité et sous contrôle.

Ce n'est pas un hasard si vendre des puts est une stratégie utilisée par *Warren Buffet* en personne. Il récolte plusieurs milliards de dollars chaque année en vendant des puts. Sa méthode est d'identifier des entreprises intéressantes (ou des indices) et d'en déterminer un prix d'achat attractif (en dessous de la valeur intrinsèque qu'il a estimée). Ensuite il vend des puts avec un strike égal au prix d'achat attractif. Quoi qu'il arrive il est gagnant. Si le put expire il a récolté des primes "gratuitement" et si le put est exercé il a acheté à bon prix des actions de bonnes entreprises qu'il espère vont s'apprécier dans le futur. Bien appliqué vendre des puts est en général gagnant-

gagnant. Vendre des puts n'a pas le potentiel d'appréciation d'achat de call mais il permet plus de régularité et bien utilisée est moins risqué.

Dans quel contexte vendre un put : Vous souhaitez générer du revenu. En fait, ici vous jouez les assureurs en percevant les primes. Selon votre attitude au risque, et la taille de votre portefeuille vous vendrez des puts avec différentes caractéristiques. Attention ici il est nécessaire d'avoir les ressources au cas où vous soyez contraint d'acheter les 100 actions. Les débutants ne devraient vendre des puts que s'ils ont les fonds pour le faire. C'est pour cela que vendre des puts est parfois réservé à ceux avec un portefeuille d'au moins 5 000€. Le risque ici est principalement de trop jouer sur l'effet de levier et de se retrouver dans l'impossibilité d'honorer l'option en cas de fort mouvement du marché.

Pour simplifier si vous souhaitez tranquillement dormir la nuit vous pouvez vendre des puts sur des grandes entreprises stables comme Microsoft avec un strike de -20% ou -25% du cours actuel. La prime sera faible, mais le risque que Microsoft baisse de façon importante est aussi limité.

Si vous êtes plus "agressif" vous pouvez vendre des puts plus proches du cours actuel. Ceci est notamment à faire si vous êtes haussier sur le titre et pensez que le titre n'atteindra pas le strike.

Une autre raison majeure d'utiliser la vente de put est si vous souhaitez acheter les actions à un cours proche du prix actuel. En effet vous pourrez les *acheter un peu moins cher (Strike - prime perçue) que le cours actuel.*

Gains potentiels : Les gains se limitent à la prime perçue.

Pertes potentielles : Dans le pire des cas vous avez vendu des puts sur une entreprise faisant faillite et la perte maximum totale sera égale à Strike x 100. Si l'entreprise ne fait pas faillite et si le cours est inférieur au strike alors la perte sera égale à : (Cours - Strike) x 100 - Prime perçue.

Caractéristiques recherchées

Il est recommandé de vendre des puts sur d'excellentes entreprises, ayant un potentiel d'appréciation, que vous seriez content d'avoir en portefeuille. Idéalement, vendez des puts avec une date d'expiration proche (pour profiter du time decay) et dont la volatilité implicite est forte. Sur le niveau du strike, cela dépendra de la tolérance au risque de l'investisseur et de sa volonté d'acquérir ou non les actions. Attention évidemment plus le strike sera proche du cours actuel et la volatilité forte plus le risque d'être assigné les actions (devoir les acheter) sera fort.

En ce qui me concerne, j'aime bien dormir la nuit et faire simple. J'applique donc la stratégie de Warren Buffet. Certes les primes sont plus faibles que sur des puts plus risqués mais j'ai l'impression de gagner à chaque fois !

Dans une optique plus spéculative, il est possible de vendre des puts sur des entreprises moins attrayantes, l'avantage étant que les primes sont plus fortes. A vous de voir si le jeu en vaut la chandelle

La vente d'un put étape par étape

Illustration avec un put Amazon

a) Vous avez identifié Amazon comme une entreprise à forte croissance et que vous seriez heureux d'intégrer dans votre portefeuille.

b) Vous déterminez un prix d'achat attractif pour Amazon (par exemple moins 10% par rapport au cours actuel de 150$)

c) Vous vendez le put AMZN 135 PUT 25/02/2024 qui expire dans 60 jours.

d) Vous attendez. Si le cours ne descend jamais en dessous du strike vous laissez l'option expirer. Si le cours s'approche trop du strike price vous pouvez décider de fermer afin d'éviter de devoir acheter les actions.

e) Le cours est inférieur au strike. Vous la laissez s'exercer et êtes l'heureux propriétaire de 100 actions Amazon. Ou bien vous n'en voulez pas, rachetez le put quelques jours avant l'expiration. Dans ce dernier cas potentiellement à perte.

Tableau et Graphique récapitulatif de l'impact de la vente d'un put :

Les conditions sont les suivantes :

- Amazon cote à 150 USD
- Vous vendez un put avec un strike price de 135 USD
- La volatilité implicite est de 30%
- Vente du Put avec une durée d'expiration de 60 jours.
- La prime est de 1.769 USD

Cours	Valeur prime 30 jours exp	Valeur prime à expiration	Résultat 30 jours	Résultat expiration
160 USD	0,10	0	$166,80	$176,90
155 USD	0,26	0	$150,80	$176,90
150 USD	0,61	0	$115,70	$176,90
145 USD	1,31	0	$46,10	$176,90
140 USD	2,54	0	-$77,20	$176,90
135 USD	4,51	0	-$273,80	$176,90
130 USD	7,35	5	-$558,10	-$323,10
125 USD	11,01	10	-$924,10	-$823,10
120 USD	15,32	15	-$1 354,60	-$1 323,10
115 USD	20,05	20	-$1 828,30	-$1 823,10

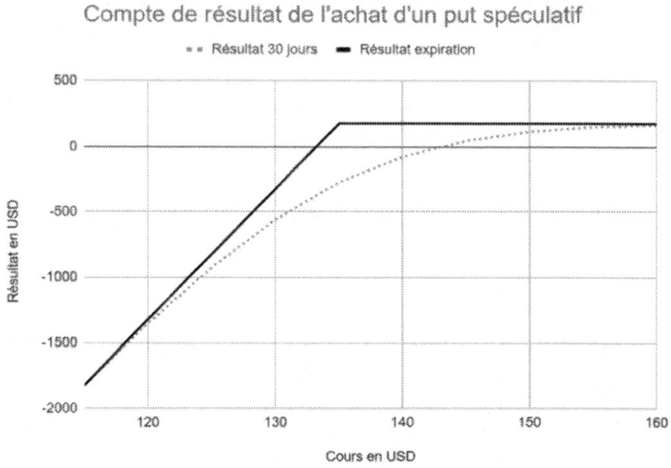

Le tableau montre bien que le profit est capé à la valeur de la prime, en l'occurrence 176,90 USD. En conséquence le point mort à expiration est de 133,23 USD. Au-delà l'opération se solde par une perte. Ensuite les pertes théoriques deviennent proportionnelles à la chute du cours. Evidemment si l'on se place d'un point de vue risque rentabilité cela paraît faible : le risque est de centaines voire milliers de dollars pour seulement 176,90 USD de prime.

Mais justement l'intérêt d'une vente de put est d'essayer de gagner quoiqu'il arrive. Si le cours reste au-dessus de 135 USD vous aurez encaissé 176,90 USD. Vous avez bloqué 13 500 USD (135 USD x 100) et avez obtenu 176,90 USD. Annualisé cela représente un rendement environ de 8%. C'est plus faible que les 1% à 2% mensuel mais le risque est aussi faible. Ici le Delta est de 0.17, ce qui signifie que le marché estime que la probabilité que le cours atteigne 135 USD est de seulement 17%. Les façons d'augmenter le rendement à la vente du put seraient de rapprocher le strike price du cours (par exemple à 140 USD), d'allonger la durée du put ou bien de choisir une entreprise plus volatile.

Mais il existe une autre façon qui serait de fermer en avance le put en avance si le cours évolue favorablement. Dans notre exemple, si le cours reste à 150 USD la prime 30 jours avant l'expiration tombe à 0,61. Si vous rachetez le put vous débourseriez 61 USD pour une option vendue 176,90 USD 30 jours plus tôt. Soit un profit de 116 USD en 30 jours et donc un rendement annualisé de 10,43%. Si le cours monte à 155 USD alors la prime vaudrait 26 USD et le rendement annualisé serait de 13,59%. Avec un cours à 160 USD le rendement annualisé serait de 15%.

Pour récapituler vous avez 83% de chance de gagner 176 USD et d'avoir un rendement annuel d'au moins 8%. Les 17% restants, vous avez le risque d'acheter Amazon à 135 USD. Moins la prime perçue, le coût de revient d'une action Amazon est donc de 133,23 USD. Si vous pensez qu'Amazon s'appréciera et vaudra plus que 133,23 USD dans le futur c'est sans doute une bonne opération. Évidemment si Amazon est sur la pente déclinante ceci peut se révéler être une mauvaise opération. D'où l'importance de choisir avec beaucoup de soin le sous-jacent à utiliser.

13

Stratégie Bonus adaptée petits budgets : Bull Put Spread

Une petite stratégie complémentaire qui fait intervenir une combinaison simple d'options.

D'abord que veut dire Bull Put Spread ?

- Bull : Nous sommes haussiers sur le titre
- Put : Nous allons utiliser des puts
- Spread : Écart de prime entre deux puts

Le Bull Put spread est une combinaison où l'on va vendre un put à un strike n, puis acheter un put avec la même date d'expiration mais avec un strike plus bas. Sur l'exemple de la vente du Put d'Amazon cela consisterait à vendre un put à un Strike de 135 USD puis et dans le même temps d'acheter un autre put à un strike de 130 USD.

Dans quelles conditions, utiliser un bull put spread ? Vous êtes haussier ou optimiste sur un titre mais pour diverses raisons ne souhaitez pas l'acquérir. Aussi vous ne souhaitez pas ou ne pouvez pas bloquer l'intégralité du cash nécessaire à la vente d'un put.

Et c'est là qu'intervient la beauté du Bull Put Spread : au lieu de devoir bloquer 100 * Strike price vous ne devez bloquer que le Strike Vente Put - Strike Achat Put le tout multiplié par 100. Donc si vous vendez un Put a 135 et en rachetez un à 130, ce ne sera pas 13 500 USD qui seront bloqués mais seulement 500 USD !

Un autre grand avantage est qu'il permet de trader des options avec des sous-jacents au prix par action très important. Au moment de l'écriture de cet ouvrage Bookings Holdings (booking.com) cote à plus de 3 000 USD. Il est bien évident (à moins que vous soyez très très riche) que vous n'allez pas vendre un put sur Bookings qui bloquerait plus de 300 000 USD sur votre compte. Par contre vous pouvez faire un Bull Put Spread en prenant 3,000 et 2,990 USD comme strike price. Ce qui bloquerait "seulement" 1,000 USD.

Évidemment le gain potentiel est inférieur à la vente d'un simple Put mais le risque et surtout le cash bloqué sont bien inférieurs. Aussi en général pour avoir un gain intéressant, il est nécessaire de vendre le premier put à un strike price plus proche du cours que celui utilisé pour la vente de put. Cette stratégie perd quelque peu son côté gagnant-gagnant comparée à la vente de put. En effet si vous décidez d'exercer votre option cela veut dire que vous aurez acheté "pour rien" le second put. Cette stratégie est beaucoup plus axée trading que la vente de put qui elle peut être utilisée à des fins d'investissement.

Aussi il convient de mentionner, même si ce concept est plus avancé, que réparer (vendre / acheter d'autres options afin de sauver les meubles sur une position perdante) un Bull Put Spread est beaucoup plus compliqué que pour la vente d'un put simple. En d'autres termes, si le trade tourne en votre défaveur, il est possible de limiter la casse avec la simple vente de put, alors que pour un Bull Put Spread ceci est beaucoup plus compliqué voire impossible.

<u>Dans quel contexte faire un bull put spread :</u> Vous êtes haussier sur le titre et voulez prendre un trade qui ne bloque pas beaucoup d'argent et peut générer un bon retour. Si vous souhaitez vendre des puts mais n'avez pas les fonds, ceci peut être une bonne stratégie de remplacement. C'est du trading et donc on se focalise uniquement sur le cours jusqu'à la date d'expiration de l'option.

<u>Gains potentiels :</u> Les gains se limitent à la prime perçue pour la vente du put auquel on soustrait la prime payée pour l'achat du put.

<u>Pertes potentielles :</u> Dans le pire des cas vous perdez la différence entre les strikes price multiplié par 100. Soit sur l'exemple ci-dessus 500 USD.

<u>Caractéristiques recherchées :</u> Similaire à celles d'une vente de put. Toutefois un bull put Spread est

spéculatif, ce qui signifie que vous privilégierez plus la dynamique haussière (le Momentum en anglais) à la qualité du sous-jacent. Toutefois il vaut mieux éviter de choisir des entreprises de piètre qualité ou totalement imprévisibles.

Un peu d'analyse technique qui confirme un mouvement haussier probable dans le futur serait une caractéristique supplémentaire appréciable.

La vente d'un Bull Put Spread étape par étape

J'ai volontairement choisi Bookings.com pour montrer que cette stratégie est possible sur des entreprises dont le cours est important en valeur nominale. Ceci ne veut pas dire que je recommande d'utiliser cette stratégie sur des actions au cours aussi important. En effet, avec des options sur des sous-jacents aussi élevés seront plus chères et auront donc un nombre limité d'acheteurs. En conséquence, les volumes seront plus faibles. La liquidité et la disponibilité des options sur des titres comme Bookings est naturellement plus faible.

Pour commencer il vaut mieux bien entendu essayer sur des sous-jacents dont le cours est plus faible. Disney, Coca Cola ou encore Nike sont de bons exemples. Avec ces 3 sous-jacents et un portefeuille moyen vous pouvez utiliser toutes les stratégies de base présentées dans les chapitres précédents. Ceci n'est pas possible avec des titres comme Bookings qui cotent à plusieurs milliers de Dollars.

Mise en place d'un Bull Put Spread (Illustration avec Bookings) :

a) Vous avez identifié Bookings comme un titre solide qui dans les prochains mois est amené à s'apprécier et n'est pas actuellement sur une pente descendante.

b) Bookings cote aujourd'hui à 3,010 USD. Vous déterminez qu'il est probable que le cours s'apprécie ou même reste stable. En complément votre analyse montre qu'il y un support solide à 2,820 USD et par conséquent il est assez improbable que Bookings baisse au-delà de 2,800 USD.

c) **Simultanément** vous vendez un BKNG 2,800 PUT 19/01/24 et achetez un BKNG 2,790 PUT 19/01/24. Il est **indispensable que les deux options aient la même date d'expiration**. Elles expirent dans 90 jours.

d) Vous attendez. Si le cours ne descend jamais en dessous du strike price du put vendu (2,800) vous laissez la combinaison expirer. Si le cours s'approche trop du strike price vous pouvez décider de fermer afin d'éviter une perte trop importante. Si le cours s'est fortement apprécié et que la combinaison d'options ne vaut presque plus rien vous pouvez aussi décider de fermer en avance.

e) Si le cours descend en dessous du strike du put vendu mais est au-dessus de celui du put acheté il est **hautement recommandé de fermer la combinaison et de clôturer en même temps les deux options. Ceci est indispensable pour les sous-jacents du type Bookings** car vous ne voulez pas être exercé et devoir débourser 280,000 USD. Donc dans notre exemple, si le cours est situé entre 2,790 et 2,800 USD environ deux semaines ou moins avant la date d'expiration, il est recommandé voire nécessaire de fermer les deux positions et de le faire simultanément.

<u>Exemple d'un Bull Put Spread sur Bookings :</u>

Les hypothèses sont les suivantes :

- Bookings cote à 3,000 USD
- Vous vendez un put avec un strike price de 2,800 USD. La prime est de 86.874
- Vous achetez un put avec un strike price de 2,790 USD. La prime est de 83.613
- La volatilité implicite est de 30%
- Les deux options ont la même date d'expiration et une durée de 90 jours.
- La prime nette perçue est de 3.261 (Prime vente - Prime achat : 86.874 - 83.613).

Cours	Valeur prime 30 jours exp	Valeur prime à expiration	Résultat 30 jours	Résultat expiration
3200 USD	0,66	0	$259,80	$326,10
3100 USD	1,09	0	$217,50	$326,10
3050 USD	1,42	0	$183,80	$326,10
3000 USD	1,92	0	$134,10	$326,10
2950 USD	2,51	0	$74,80	$326,10
2900 USD	3,19	0	$6,80	$326,10
2850 USD	3,94	0	-$67,90	$326,10
2800 USD	4,74	0	-$147,90	$326,10
2795 USD	5,13	5	-$187,20	-$173,90
2790 USD	5,51	10	-$224,90	-$673,90
2750 USD	5,75	10	-$248,60	-$673,90
2700 USD	6,77	10	-$350,80	-$673,90

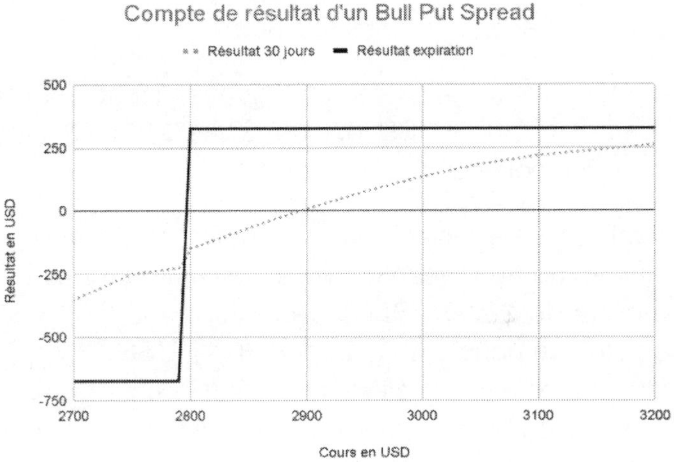

Le tableau montre que le profit est capé à 326,10 USD. A 30 jours, le titre peut baisser jusqu'à 2.900 USD et le Bull Put Spread être toujours dans le vert. En revanche, une fois les 2.800 USD atteints, la chute est brutale et les pertes sont brutales.

Ce qui est remarquable ici est qu'au-dessus de 2.800 USD à expiration l'intégralité du profit est conservée. A partir de 2.790 USD les pertes sont maximum. Donc une variation de 0.357% du prix de l'action Bookings (10 USD sur 2.800 USD) peut conditionner la perte ou le profit de l'opération.

Comme le montre le tableau à partir de 2.795 USD nous constatons une perte. Aussi comme mentionné plus haut il est recommandé de fermer le trade si le sous-jacent atteint ce niveau-là. Certes vous constaterez une perte mais celle-ci sera limitée et vous évitera le risque que l'acheteur du put de 2.800 USD exerce de façon anticipée son put.

Le retour sur investissement si le sous-jacent reste au-dessus de 2.800 USD est de 32.61% en 90 jours. Annualisé cela donnerait 132% !

Avant de se précipiter pour profiter de l'aubaine il convient aussi de mentionner que si le titre termine en dessous de 2.790 USD la perte est de 673,90 USD, soit plus du double du gain de 326,10 USD. Pour que cette stratégie soit positive sur le long terme il faut donc s'assurer que la probabilité de gagner soit supérieure ou égale à environ 70%. Donc avec notre exemple si vous gagnez 7 fois sur 10 les gains absorberont les pertes et après 10 trades le total sera positif. En revanche si la probabilité est inférieure à 70% alors il est probable que sur le long terme la somme des résultats soit une perte.

Le Bull Put Spread se rapproche plus du trading que de l'investissement. Il est absolument fondamental d'essayer de maximiser les probabilités de gains et donc de sélectionner avec beaucoup de soin le trade à effectuer.

Sur mon site investirenboursemalin.com est disponible gratuitement un calculateur qui détermine le gain théorique (espérance mathématique) d'un Bull Put Spread. Lien ici.

14

LES STRATEGIES LES PLUS ADAPTEES A UN L'ENVIRONNEMENT

Évidemment il est difficile, voire impossible, de connaître le sens du marché à court terme. Ceci dit, il est possible en utilisant l'analyse technique, des indicateurs comme le VIX (mentionné plus haut), les enquêtes de confiance, le niveau général de l'activité économique, etc. d'avoir une idée sur le sens général des marchés. Selon que vous êtes convaincus que les marchés sont dans une phase haussière, baissière ou vont probablement stagner, différentes stratégies sont à privilégier.

A certains égards il est plus facile d'utiliser les options sur une entreprise en particulier qu'un indice. La beauté avec les options sur des sous-jacents comme une action est que votre conviction peut se faire sur des éléments beaucoup plus tangibles basés sur l'entreprise en elle-même (management, performance financière, perspective de croissance, l'évolution des profits, le prix actuel, etc.) que sur un indice qui représente des dizaines ou des centaines d'entreprises.

L'avantage d'utiliser un indice est que la volatilité est plus faible et le risque de variation importante bien moindre que sur une entreprise. Des événements imprévisibles peuvent toucher certaines entreprises directement (par exemple le jour ou Warren Buffet annoncera son départ de Berkshire Hathaway il est probable que le cours plonge), mais sans avoir un grand impact sur les indices eux-mêmes.

Pour rappel, dans un environnement haussier les stratégies les plus adaptées sont l'achat de call pour profiter des hausses de façon démultipliée. Aussi les ventes de puts peuvent être utilisées car le risque que le cours chute sera plus faible.

Si l'environnement est stagnant alors vendre des options peut être une stratégie efficace, puisque l'on récolte des primes sans trop de risques.

Si l'environnement ou la conviction sont à la baisse alors il est possible d'acheter des puts. L'autre stratégie principale étant de vendre des calls (bien entendus couverts). Attention il est plus difficile d'être profitable en utilisant des stratégies baissières notamment l'achat de put.

Enfin comme expliqué plus haut, plus le marché est volatile (mesuré notamment par le VIX) plus les primes sont importantes. Plus le marché est volatile, plus le risque que les choses ne tournent pas en votre faveur est élevé.

Tableau Récapitulatif des 4 grandes stratégies d'options :

	Avantages	Risques	Quand le faire
Acheter un call	Bénéfice de la hausse démultipliée du cours de l'action.	Perdre 100% du premium si l'action ne monte pas.	Convaincu que l'action va monter dans le futur.
Vendre un call	Réception d'une prime. Potentiellement sécuriser la vente d'une action à prix fixe.	Perte d'opportunité si l'on est détenteur des actions. La vente à découvert les pertes peuvent être infinies. A ne pas tenter !	Détenteur d'au moins 100 actions et qui souhaite un complément de revenu.

Acheteur de put	Beaux profits en cas de chute importante des cours. Couvrir des positions existantes.	Perte 100% du premium payé.	Convaincu que l'action va chuter violemment dans le futur. Vouloir s'assurer contre une baisse.
Vendeur de put	Recevoir une prime. Potentiellement sécuriser l'achat d'une action à un cours souhaité.	Surpayer les actions. Avoir les fonds disponibles à savoir strike x 100.	Souhaite un complément de revenus et pas mécontent de d'acheter des actions a un bon prix.

15

QUINZE ERREURS CLASSIQUES A EVITER

Les options sont un formidable outil qui, bien utilisé, peut générer des gains significatifs. Toutefois quand l'on débute il est classique de tomber dans certains pièges. Aussi vous trouverez ci-dessous une liste non exhaustive d'erreurs que d'autres ou moi-même ont commis :

- *S'obstiner dans un trade perdant :* vous avez prévu que telle action s'apprécie dans les 6 prochains mois. Cela fait maintenant plusieurs mois et le cours n'a toujours pas bougé et vous vivez maintenant dans l'espoir d'une hausse rapide. Chaque jour vous espérez que c'est le jour J mais la valeur de l'option diminue quotidiennement. Le temps joue contre vous. Dans ce cas-là ne vous obstinez pas et acceptez de couper vos pertes. Beaucoup de traders ont comme règle de sortir à partir de 50% de pertes (pour ne pas perdre les 50% restants !).

- *Abuser de l'effet de levier.* Beaucoup de débutants se lancent sans se rendre compte des risques d'utiliser l'effet de levier. Bien sûr il peut permettre de sublimer les performances, mais dans le même temps il peut au pire des cas mener à la banqueroute. Celui qui utilise l'effet de levier doit bien mesurer les potentielles conséquences et avoir un plan B si les choses ne tournent pas comme prévu.

- *Vendre des options à découvert.* Ayez le cash pour les puts ou les actions pour les calls. On ne le dira jamais assez, ne vendez pas de calls à découvert.

- *Miser trop sur certaines positions.* Avec une position vous ne devriez pas risquer plus d'un certain pourcentage de votre capital. La recommandation classique est de ne pas risquer plus de 2% de son capital sur une seule position. Les gens qui débutent peuvent parfois investir 10%, 20% ou même 50% de leur capital.

- *Se focaliser sur les potentiels gains et ignorer les risques.* C'est une erreur des plus humaines, l'on est alléché par les gains et on en oublie les potentielles pertes. Avant de faire une opération il est indispensable de vérifier le risque et donc savoir ce qu'il se passerait si les choses se passaient mal. Bien sûr faire un ratio bénéfice / risque et confirmer que la position vaut bien la peine d'être prise.

- *Ne pas planifier ses trades est une erreur classique.* Avoir un plan est absolument nécessaire, il devra contenir les niveaux de sorties et potentiellement aussi le rationel de l'opération. Ecrire pourquoi vous voulez prendre un trade vous permettra peut être de vous rendre compte que le raisonnement n'est pas si cohérent et donc éviter de prendre un mauvais trade.

- Acheter des options avec une date d'expiration très proche. Ceci est un grand classique des débutants : ils achètent des options avec une date d'expiration proche car le prix est bien plus faible et semble attractif. Certes le prix est plus faible (donc artificiellement attractif) mais l'impact du temps est beaucoup plus fort proche de l'expiration et donc la probabilité de perdre beaucoup plus importante. Acheter des options avec une date d'expiration proche est beaucoup plus spéculatif.

- Commencer avec des options dont le cours est élevé (disons trois chiffres ou au-delà). Plus les cours sont élevés, plus les primes seront importantes. En conséquence l'argent engagé sera plus important. Et comme pour toute activité, mieux vaut commencer petit plutôt que miser gros dès le début.

- Trader des options sur des actions très volatiles : un autre grand classique du débutant, attiré par les gains potentiels il s'attaque directement aux actions les plus volatiles et donc qui nécessitent le plus de maîtrise. Mieux vaut "se faire la main" sur des titres plus stables, les gains potentiels seront plus faibles mais la probabilité de gagner bien plus forte.

- *Pour continuité sur le même thème : ignorer la volatilité.* En d'autres termes acheter des options quand la volatilité est forte et donc les payer cher. Ou bien vendre des options quand les marchés sont très calmes et donc peu chères.

- *Essayer des combinaisons complexes quand l'on débute.* Attiré par des noms attrayants comme le Butterfly (papillon en français), ou le Iron Condor (le Condor de fer !). Il vaut mieux commencer simplement, comprendre les bases avant de vous lancer dans des combinaisons compliquées. C'est comme si après avoir vu quelques vidéos de gymnastique vous vous lanciez pour un triple salto arrière pour débuter… La chute risque d'être douloureuse.

- *Vouloir absolument trader et se forcer.* C'est un phénomène assez classique un trader peu avoir envie de trader tous les jours ou à intervalle très régulier. Ceci peut notamment venir du fait qu'il souhaite avoir un revenu constant. Donc si la personne a eu un mauvais mois ou un mauvais trimestre elle va se forcer à prendre des positions même si celles-ci ne sont pas optimales. Vous avez déjà deviné le résultat : pas bon et très probablement des pertes soit l'effet contreproductif. En bourse il est impossible d'avoir un revenu constant tous les mois. Alors il faut engranger au maximum pendant les saisons propices et aller à la pèche quand les marchés n'offrent pas de bonnes opportunités.

- *Acheter ou vendre des options très peu liquides.* C'est une erreur classique, en effet le débutant va se demander « mais quel est le problème ?» Et bien deux points, premier point il ne pourra sortir d'une position ou sortira dans des mauvaises conditions soit en surpayant soit en sous-payant. Dans la même idée au moment de l'entrée il aura sans doute surpayer ou vendu à rabais. Donc et à l'entrée et à la sortie il aura payé la « taxe d'illiquidité ». Il y a des centaines ou des milliers d'options liquides alors mieux vaut se concentrer sur celles-ci.

- *Ne pas faire attention à la date d'expiration.* Comme on l'a vu dans le livre les dates d'expiration à utiliser seront différentes selon les stratégies. Et bien certains oublient cela et vont potentiellement acheter des calls avec une date d'expiration très proche.

- *Être obnubilé par la prime et en oublier les autres paramètres.* Un premium reçu pour la vente d'un put peut rendre fou et faire oublier les risques (par exemple vendre un put avant une annonce de résultat ou sur une société pourrie). Un premium très faible pour un call peut être aussi alléchant et très souvent se finir par une option qui expire sans valeur : argent perdu et gaspillé. Donc en résumé ne jamais uniquement se concentrer sur la prime.

16

QUELQUES MOTS SUR LA PSYCHOLOGIE

Grâce aux chapitres précédents vous connaissez maintenant les bases du trading d'option. Cependant en investissement comme en trading, le plus important n'est pas la théorie mais la psychologie.

Pour ceux qui ont déjà fait du trading ou investi en bourse ils sauront que les émotions (oui ce n'est pas une erreur, les émotions) sont en général la chose la plus compliquée à maîtriser. Quand ça monte ou que l'on gagne de l'argent, on a tendance à devenir euphorique, et lorsque ça baisse la panique survient il est possible de perdre les pédales et faire des choses irrationnelles en opposition avec les règles de bon sens.

C'est pourquoi il est nécessaire que vous ayez un système avec des règles claires d'entrée et de sortie. Avant d'ouvrir une nouvelle position vérifiez que vos critères d'entrée sont bien respectés et que vous avez défini un stop loss (un montant pour lequel clôturer la position à un certain niveau de pertes avant que celles-ci ne s'aggravent).

Les émotions communes et comment s'en prémunir :

- Vos derniers investissements / positions ont généré de beaux profits. La vie est belle, vous vous sentez génial… C'est en général le moment le plus dangereux puisque ce sentiment d'invincibilité aura tendance à vous faire oublier le risque et de fait prendre des positions qui ne respectent pas vos critères d'entrée. Dans ces périodes d'euphories, respectez plus que jamais vos critères d'entrée.

- Vous avez pris dernièrement une position pour laquelle vous avez une très forte conviction. Vous êtes certain que cela va marcher et à vous les pépettes… Mais pour une raison inconnue, (ou même ridicule de votre point de vue) les cours du sous-jacent vont dans le mauvais sens. Vous êtes tellement certain d'avoir raison que vous vous êtes convaincu que "ça va remonter, ça va remonter demain" que vous avez décidé de laisser la position ouverte même si vos règles de sortie sont touchées… Dans la vaste majorité des cas la situation ne s'améliore pas et vous perdez beaucoup plus que potentiellement prévu au début. Ceci arrive aussi dans les périodes euphoriques, donc renouvelez de vigilance et surtout respectez vos règles de sortie.

- Vous avez subi de lourdes pertes récemment et donc souhaitez-vous “refaire”. Ceci est probablement le moment qui est le plus critique pour votre portefeuille. J’ai personnellement vu des “traders” perdre les pédales et faire littéralement n’importe quoi pour récupérer des pertes. Ils prenaient des positions qu’en temps normal ils n’auraient jamais prises juste pour “compenser” une perte. J’ai fait un peu de coaching et ai en mémoire un trader qui avait perdu 20,000 USD sur la vente d’un put et qui pour compenser a vendu un put qui générait une somme équivalente. Non seulement sa position n'avait aucun sens et ne respectait aucune règle d’entrée mais surtout il n’avait pas le cash pour couvrir sa position si elle était exercée… Ce qui veut dire que si le marché allait contre lui il pouvait avoir tout son portefeuille liquidé par le broker ! Donc il risquait de tout perdre, juste pour compenser un mauvais trade…

- La bourse et les options peuvent devenir comme une drogue pour certains. Il a été démontré que chez des accros le fait de gagner de l’argent stimule certaines parties du cerveau qui sont aussi stimulées par les drogues dures. Je ne souhaite à personne d’en arriver là, mais il est possible que certains se sentent comme obligés de trader. Si cela vous arrive arrêter tout pendant un certain temps et essayez de déconnecter. L’addiction ne peut vous faire faire que des erreurs : trop s’exposer, prendre des mauvaises positions, etc. Tout le monde ne tombera pas dans ce phénomène mais il était important de le rappeler afin que chacun en ait conscience.

Je pourrai faire un livre entier sur la psychologie. Si vous ressentez quelques-unes de ces émotions, vous n'êtes pas seul. J'ai personnellement vécu, à des degrés divers, ces émotions. Il est impossible de les ignorer, mais il est possible de les neutraliser en ayant la discipline de se concentrer sur ses règles et son système. Il faut toujours garder en tête que la bourse est aléatoire, des fois l'on gagne, des fois l'on perd. L'objectif étant que les gains soient plus gros et plus fréquents que les pertes.

17

PRATIQUEMENT COMMENT COMMENCER LES OPTIONS

Vous ne pouvez pas investir dans les options via un compte en banque classique. Pour trader, il est nécessaire d'utiliser un broker spécialisé (courtier). Une grande partie des principaux brokers proposent de trader les options.

Personnellement j'utilise Interactive Brokers, mais n'ai pas d'avis ou recommandations particulières sur le choix du courtier. Ce n'est pas forcément le plus beau et instinctif mais c'est celui utilisé par bon nombre de professionnels. Il est efficace et est en général toujours bien classé au niveau prix. Vous pouvez trouver des vidéos gratuites sur YouTube pour vous aider à le configurer. Interactive brokers propose des tutoriaux sur comment acheter / vendre des options.

Il est possible que le courtier vous propose un compte avec marge. Et vous vous demandez ce que c'est. Et bien avec un compte vous pouvez acheter des actions (ou instruments financiers comme les options) en empruntant une partie de la somme au courtier. Selon les courtiers et votre situation il vous sera demandé d'avoir entre 30% et 65% de la somme disponible ou de collatéral en actions.

Avant de vous précipiter sur la marge sachez que :

- C'est un effet de levier à la hausse comme à la baisse. Vous pouvez démultiplier votre retour sur investissement mais aussi risquer de tout perdre.

- Vous payez le broker des intérêts sur les fonds empruntés. C'est au-dessus du taux directeur des banques centrales. A fin 2023 le taux moyen annuel sur les USD était de presque 10%.

Pour ceux qui ont un compte avec marge, vous vous apercevrez en tradant vos premières options que la marge bouge. C'est principalement le cas lors d'une vente d'une option : le broker bloquera une certaine somme censée couvrir votre risque.

La formule de calcul exacte du montant bloqué diffère selon les brokers. En résumé le montant bloqué dépendra du montant de l'obligation et de la probabilité que l'option soit exercée. Par exemple, si le cours de l'action est à 100 USD et que vous vendez un put avec un strike price de 60 USD le broker bloquera beaucoup moins que pour un strike price de 95 USD. Plus la date d'expiration est lointaine, plus la marge bloquée sera élevée.

Vous pouvez utiliser la marge pour bénéficier d'un effet de levier mais **quand vous débutez assurez-vous d'être couvert**. En effet si jamais le put que vous avez vendu est exercé il est nécessaire que vous ayez le cash pour honorer votre obligation.

Une possibilité que je recommande vivement est de pratiquer d'abord sur des comptes papiers (paper trading). Les grands brokers proposent des comptes avec les données réelles du marché mais avec de l'argent fictif / papier. Pour pouvoir pratiquer, se lancer à blanc est la solution idéale.

Donc en résumé les trois étapes sont :

1) Ouvrez un compte chez un courtier qui propose des options.

2) Pratiquez le trading pendant un petit moment sur des comptes fictifs. Familiarisez-vous avec la plateforme.

3) Notez vos trades et analysez les résultats.

18

FOIRE AUX QUESTIONS FAQ

Vous trouverez ci-dessous une sélection des questions les plus fréquemment posées :

- Faut-il exercer en avance une option ? Cela dépend de votre intention mais en général non. Comme expliqué plus haut, les options sont constituées d'une valeur intrinsèque et une valeur temps. Si vous exercez en avance l'option vous perdrez la valeur temps de l'option. Dans certains cas, si vous anticipez un retournement défavorable du marché ou bien si vous souhaitez figer les gains vous pouvez exercer les options.
- Peut-on acheter / vendre des options sur des entreprises non américaines ? Oui les plus grandes entreprises européennes et même asiatiques ont aussi des options. Ceci dit, les volumes y sont beaucoup plus faibles, ce qui rend la liquidité limitée. Il est parfois difficile de sortir d'une option si la liquidité est faible. C'est la raison pour laquelle il est recommandé de

trader sur des options avec au moins 500 contrats d'ouverts (au moins au début).

- Sur la vente de put, l'acheteur peut-il décider d'exercer en avance ? Avec les options de type américaine, il le peut. Par conséquent il faut s'assurer de toujours avoir le cash prêt en cas d'exercice anticipé. Ceci peut arriver surtout si le cours actuel est très inférieur au strike price.

- Quel est l'impact d'une hausse des taux d'intérêts sur les options ? A paramètre identique, la valeur d'un call augmentera et la valeur d'un put baissera. Une baisse des taux d'intérêts aura l'effet inverse. Ceci dit, la question des taux d'intérêts est vraiment marginale. L'impact le plus important sera indirect sur le prix du sous-jacent.

- Les exercices anticipés des options sont-ils fréquents ? Non il n'est pas fréquent que les options soient exercées en avance, mais ce n'est pas impossible.

- Pourquoi la prime / prix de l'option a beaucoup changé par rapport au mois dernier alors que le cours de l'action et la durée avant expiration sont similaires ? Comme décrit dans l'ouvrage, un élément important est la volatilité. En période d'incertitude ou de la volatilité, le prix de l'option sera plus important qu'en période plus calme.

- Est-ce une bonne idée de trader avant la publication des résultats ? Il n'est pas recommandé de trader pendant la date de publication des résultats. En effet il y a toujours une incertitude forte avant, ce qui découle en des variations du prix du sous-jacent qui sont très importantes. En résumé les gains sont potentiellement plus forts mais les risques et donc les pertes beaucoup plus élevés. Ceci est réservé aux traders plus expérimentés qui peuvent utiliser des stratégies avancées.

- Quelle stratégie est la meilleure pour débuter ? Il n'y a pas de réponse universelle. La stratégie dépend des intentions et de la situation du titre visé plutôt que du niveau d'expérience. Il est certain que pour débuter mieux vaut faire simple et soit acheter un call ou bien vendre un put (si on a le cash et content d'acquérir les actions au strike price). En tous les cas, il est recommandé de d'abord s'exercer sur le 'paper account'.

- Est-il exact que j'ai besoin de beaucoup d'argent pour trader les options ? Non mais un montant de 5,000€ est sans doute un minimum pour vendre des puts. Pour acheter des calls on peut débuter avec moins mais attention de ne pas miser tout son portefeuille sur une seule option. Par exemple ne pas faire un "All in" sur un call.

- Je ne comprends pas, le cours de l'action du sous-jacent évolue dans la bonne direction mais le prix de l'option baisse. Ce n'est pas logique ? Instinctivement cela n'est pas logique mais vous devez aussi tenir compte du temps qui passe et de la volatilité. Souvent la volatilité baisse et la prime de l'option avec.

- Dans la continuité de la question précédente. J'ai acheté un put, le prix du sous-jacent a baissé mais mon compte de résultat me montre une perte ? Une erreur commune est d'acheter un put trop tard. Ici il est probable que la volatilité ait diminué et la prime de l'option avec.

- Je suis propriétaire d'un call, vais-je toucher les dividendes versés pendant ma période de détention ? La personne qui touchera les dividendes sera celle qui détient les actions, pas celle qui détient les options.

- Quel est l'impact du versement des dividendes sur la prime de l'option ? L'impact des dividendes sera principalement indirect, puisque le versement des dividendes aura un impact sur le cours du sous-jacent. En théorie le cours de l'action baissera du montant versé de dividende. Il faudra redoubler d'attention sur les sous-jacents à fort dividende car le versement peut avoir un gros effet sur le sous-jacent (certains vendant le titre après versement du dividende). Pour rappel le cours de l'action / sous-jacent évoluera à la date Ex-Dividende (en général 1-2 jours ouvrés avant la date de clôture des registres indiquant les propriétaires des actions qui recevront les dividendes quelques semaines dans le futur).

- Quel est l'impact d'une annonce d'augmentation de la distribution des dividendes sur les options ? L'impact sera indirect. Selon que l'annonce soit bien ou mal reçue par les marchés, le cours s'appréciera ou dépréciera ce qui indirectement impactera la valeur des options.

- Que se passe-t-il à la date d'expiration de l'option ? Le lendemain deux cas de figures. Si elle est en dehors de la monnaie alors elle expire et disparaît du paysage. Si elle est dans la monnaie alors l'option est automatiquement exercée. Donc selon que vous êtes acheteur ou vendeur il y aura plus ou moins d'actions et de cash dans votre portefeuille.

- Quel pourcentage de mon portefeuille dois-je allouer aux options ? Il n'y a pas de chiffre magique et tout dépend de vos circonstances personnelles. Ceci dit, la plupart des investisseurs confirmés utilisent les options comme un complément, et donc dédient une part faible de leur portefeuille aux options (ceux que je côtoie de 10 à 20%). Ce qui est certain est que lorsque l'on débute, on commence avec une toute petite partie. Surtout qu'avec les options il est possible de perdre 100% de sa mise, alors que pour les actions on peut toujours attendre / espérer un retournement de tendance.

19

Conclusion

Je vous remercie d'avoir acheté ce livre et vous félicite de l'avoir terminé. En effet, le contenu est dense. Le monde des options est vaste et les stratégies mentionnées dans ce livre sont la base et constituent une simple introduction. Il existe des dizaines d'autres stratégies possibles qui combinent l'achat/vente de plusieurs options comme l'Iron Condor, le Butterfly Spread ou le Straddle.

Sans avoir besoin d'utiliser des stratégies compliquées, il est possible de booster ou protéger son portefeuille. Des gains de plus de 10% par an avec un risque limité sont totalement possibles. Avec plus de risques, des plus-values bien supérieures (parfois de plus de 100%) sont aussi réalisables.

Les options peuvent vous permettre d'atteindre vos buts et vous aider à obtenir la liberté financière dont tant rêvent. Alors si vous vous sentez prêts, lancez-vous ! Surtout que le trading sur compte fictif ne vous coûtera rien. Dans ce cas, le pire qui puisse vous arriver est d'être devenu un investisseur plus expérimenté, mais sans perdre un cent.

J'espère que ce livre vous sera utile et que vous comprenez mieux les principes de base des options. Pour vous accompagner et bénéficier de conseils personnalisés, je vous offre 30 minutes de consultation gratuite. Cette offre est réservée aux 50 premiers lecteurs qui me contacteront via david@hall-invest.com Ne manquez pas cette opportunité unique de booster vos compétences en investissement.

Visitez également mon site www.hall-invest.com pour accéder à des vidéos instructives, des articles de blog et des bonus gratuits.

Enfin j'ai un dernier service à vous demander. Si vous avez apprécié le contenu du livre, pourriez-vous laisser une revue et une note. Cela nous permettra de partager le fabuleux monde des options avec le plus grand monde.

Manufactured by Amazon.ca
Bolton, ON

53707664R00072